Bienvenue

Comment utiliser ce livre ?

1 Tout d'abord, il te faut un smartphone avec une application **scanner les QR CODES.**

2 Avant chaque exercice, **regarde la vidéo** de vocabulaire indispensable. Note aussi la traduction de ces mots.

3 Tu dois te mettre en conditions d'examen !
Les textes sont exactement comme ceux du DELF B2.
Il ne faut pas faire de pause avant d'avoir tout terminé !
Tu as une heure pour faire les 3 exercices.

4 Quand l'exercice est terminé, **place un point** sur le graphique. Et partage ton évolution avec nous sur  si tu le souhaites.

 Si une vidéo de vocabulaire n'est pas disponible dans ton pays, envoie-moi un e-mail et je te l'envoie par e-mail. Par exemple :
- « dossier 3 ».
- à l'adresse : **contact@frenchpill.com**

Bon courage ! Tu vas y arriver ! Et après avoir fini ce livre, tu auras **considérablement amélioré** ton niveau de compréhension écrite en français !

♡

Félicitations pour les progrès que tu feras en utilisant ce livre !

Abdou.
(auteur du livre)

Table des **matières**

VOCABULAIRE

Scanne ceci pour **comprendre le vocabulaire** grâce aux vidéos.

⭐ *Ajoute cette page à tes favoris.*

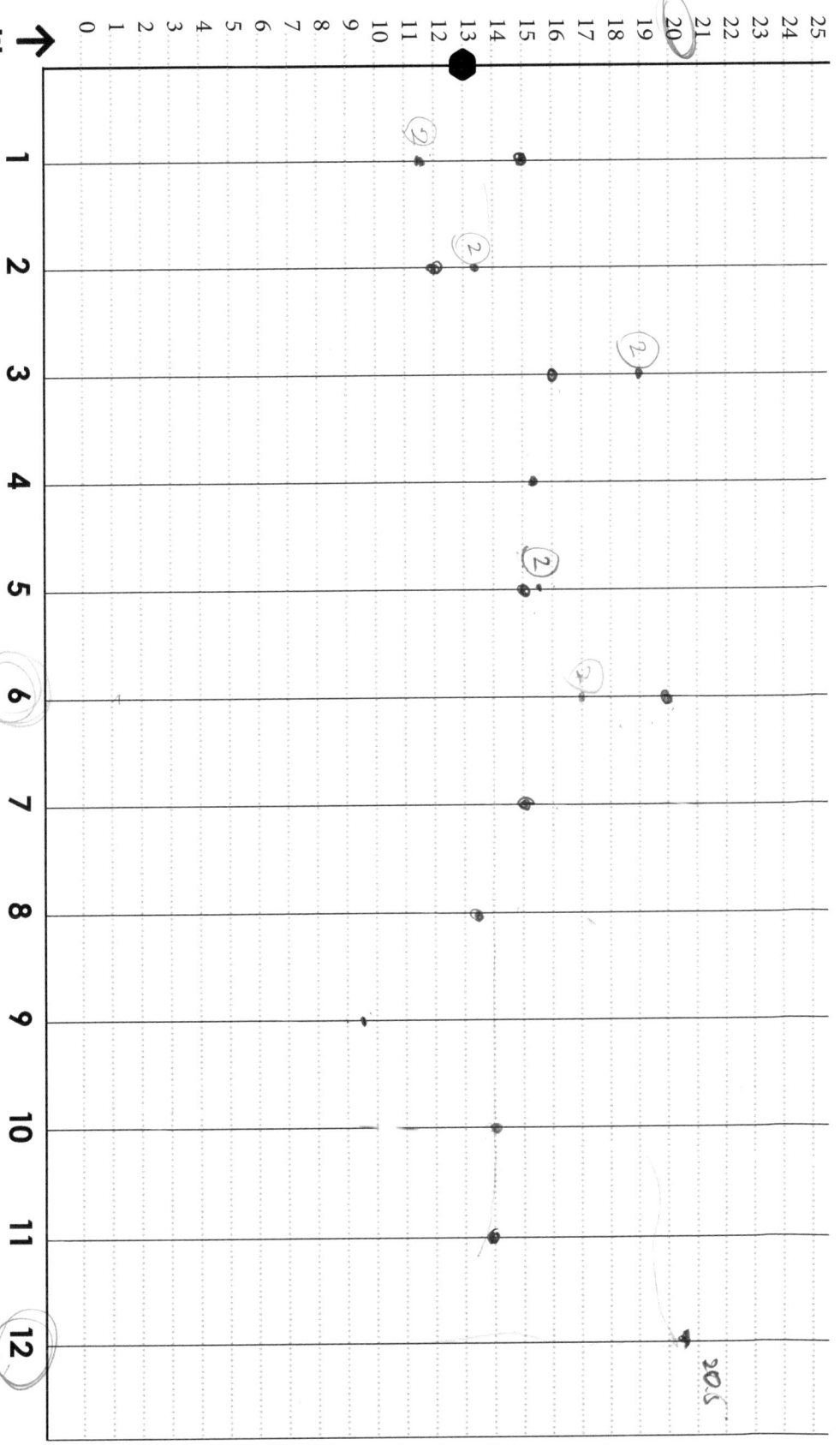

NOTE →

25 24 23 22 21 20 19 18 17 16 15 14 13 12 11 10 9 8 7 6 5 4 3 2 1 0

⬣ Exemple :
dossier 0 = 13/25

Dossiers →

1 2 3 4 5 6 7 8 9 10 11 12

Mes notes

Épreuve 1 - Les médias

ÉPREUVE 1
LES MÉDIAS

**Une
heure**
maximum !

2 Compréhension des écrits 25 points

▶ **EXERCICE 1** Comprendre un texte informatif ou argumentatif 9 points

Dans un magazine d'actualité francophone, vous lisez un article sur la censure médiatique.

La censure médiatique

La censure médiatique est l'un des moyens les plus puissants auxquels les autorités ont recours pour contrôler l'opinion publique et limiter la diffusion de certaines informations. Elle peut être mise en place de différentes manières :

- Directe : elle peut être exercée par les pouvoirs publics, qui disposent de moyens légaux pour limiter la diffusion de certaines informations, notamment en cas de menace pour la sécurité nationale ou l'ordre public.

- Indirecte : elle peut également être exercée par les entreprises de médias, qui peuvent être soumises à des pressions commerciales ou politiques pour orienter leur contenu de manière à satisfaire certains intérêts.

La censure médiatique peut avoir des conséquences importantes sur la liberté d'expression et sur la démocratie, car elle peut empêcher les citoyens de disposer de tous les éléments d'information nécessaires pour se faire une opinion sur les questions de société. Elle peut également entraver le débat public et la participation citoyenne en réduisant la diversité des points de vue et en favorisant la diffusion de versions biaisées ou partiales des événements.

La censure médiatique est un phénomène mondial, qui affecte aussi bien les pays en développement que les pays démocratiques. Malgré les avancées technologiques et l'explosion de l'Internet, la censure médiatique reste un phénomène préoccupant dans de nombreux pays.

Pour lutter contre la censure médiatique, il est important de promouvoir et de défendre la liberté de la presse et de l'expression, qui sont des droits fondamentaux garantis par de nombreuses conventions internationales. Il est également nécessaire de mettre en place des dispositifs de contrôle et de surveillance pour prévenir les abus et garantir la transparence dans la diffusion de l'information.

Enfin, il est essentiel de sensibiliser l'opinion publique aux enjeux de la censure médiatique et de promouvoir une culture de l'information critique, qui permette aux citoyens de se faire une opinion éclairée sur les questions de société. Seule une presse libre et indépendante peut garantir un débat public riche et pluraliste, et permettre aux citoyens de jouer pleinement leur rôle de membres actifs de la démocratie.

Pour répondre aux questions, cochez la bonne réponse.

1 Le but de la censure médiatique est :   2 points
   A ☐ De contrôler la population
   B ☐ Interdire certaines informations
   C ☐ Contrôler ce que publient les médias

2 Quel peut-être l'impact de la censure sur la population ?   2 point
   A ☐ Le manque d'information
   B ☐ Une liberté d'expression limitée
   C ☐ La propagation de fausses nouvelles

3 La censure médiatique :   1 point
   A ☐ Est souvent illégale
   B ☐ Évite parfois des problèmes
   C ☐ Est utile pour les sociétés de médias

4 La censure indirecte, c'est :   1 points
   A ☐ La censure imposée par les médias
   B ☐ La censure imposée à des médias
   C ☐ La censure imposée à une zone géographique.

5 Laisser la censure se développer peut avoir comme conséquence de : 1,5 point
   A ☐ Réduire des opposants au silence
   B ☐ Promouvoir la liberté d'expression
   C ☐ Consulter des informations précises

6 Quel est l'un des moyens de lutter contre la censure :   1 point
   A ☐ Garantir la clarté des informations
   B ☐ Créer un organisme pour surveiller la diffusion de l'information
   C ☐ Défendre la presse et la diffusion d'informations

7 Quelle phrase résume le mieux l'opinion de l'auteur ?   0,5 point
   A ☐ Rendez-vous compte de la censure et pensez par vous-même
   B ☐ Les seuls médias indépendants sont ceux qui ont de l'argent
   C ☐ Seuls les citoyens ont un rôle à jouer dans la lutte contre la censure

Vous utilisez beaucoup les réseaux sociaux, vous vous renseignez en lisant cet article.

L'ÉVOLUTION DES RÉSEAUX SOCIAUX

Les réseaux sociaux ont connu une croissance spectaculaire au cours de ces dernières années. Selon une étude de Hootsuite, les utilisateurs passent en moyenne 2 heures et 22 minutes par jour sur les réseaux sociaux. Cette popularité a eu un impact significatif sur la manière dont nous consommons l'information et les actualités.

Les réseaux sociaux ont facilité la diffusion rapide de l'information et ont permis la création de communautés autour de centres d'intérêt communs. Ils ont également offert une grande liberté de parole en permettant à chacun de s'exprimer et de partager ses opinions. Cependant, ils ont également leurs limites en matière d'information. La viralisation de fausses informations ou de rumeurs est un problème majeur qui peut avoir des conséquences graves sur l'opinion publique et sur la société. Selon une étude de First Draft, un tiers des fausses informations diffusées sur les réseaux sociaux proviennent de comptes automatisés ou de «bots».

En outre, les réseaux sociaux sont souvent utilisés pour diffuser de la désinformation ou de la propagande, ce qui peut conduire à une polarisation de l'opinion et à la dévalorisation de l'information factuelle. Selon une étude de l'Université de Stanford, les fausses informations ont tendance à se propager plus rapidement et à être partagées par un plus grand nombre de personnes que les informations véridiques. Cela peut avoir des conséquences importantes sur la façon dont les gens perçoivent et agissent sur les questions de société. Les médias traditionnels, tels que les journaux, la radio et la télévision, ont également connu une transformation importante avec l'avènement des réseaux sociaux.

Cependant, ils ont l'avantage de disposer de ressources et de moyens pour vérifier et authentifier l'information, et de disposer d'un Code de déontologie pour garantir la qualité de leur contenu. Ils ont également un rôle de contre-pouvoir et de vecteur de débat et de réflexion sur les questions de société.

Il est important de noter que les médias traditionnels ont également dû s'adapter aux changements apportés par les réseaux sociaux. De nombreux journaux et chaînes de télévision ont créé leur propre compte sur les réseaux sociaux afin de diffuser leur contenu et de rester en contact avec leur audience. Cela a permis aux médias traditionnels de toucher de nouveaux publics et de rester pertinents dans un monde en constante évolution.

En conclusion, il est difficile de dire si les réseaux sociaux vont complètement remplacé les médias traditionnels. Ils ont modifié la manière dont nous consommons l'information et ont créé de nouvelles formes de communication, mais ils ont également leurs limites et leurs risques. Les médias traditionnels ont, quant à eux, encore un rôle important à jouer dans la diffusion de l'information et dans le débat public, grâce à leur capacité à vérifier et à authentifier l'information et à disposer d'un Code de déontologie. Il est important de trouver un équilibre entre ces deux types de médias et de développer une culture de l'information critique pour permettre aux citoyens de se faire une opinion éclairée sur les questions de société.

Il est également important de souligner que les réseaux sociaux et les médias traditionnels peuvent avoir des rôles complémentaires dans la diffusion de l'information. Les réseaux sociaux peuvent être utilisés pour sensibiliser rapidement un large public sur une question particulière, tandis que les médias traditionnels peuvent apporter une analyse approfondie et une couverture sur le long terme. En travaillant ensemble, les réseaux sociaux et les médias traditionnels peuvent contribuer à informer et à éduquer les citoyens sur les questions de société.

Pour répondre aux questions, cochez la bonne réponse.

1 Les réseaux sociaux :   1 point
    A ☐ Permettent d'avoir plus d'informations qui circulent
    B ☐ Ont changé notre façon de nous informer
    C ☐ Ont permis à tout le monde de partager leurs informations

2 Cochez la bonne réponse :   2 points
    A ☐ 33 % des informations sur les réseaux sociaux sont fausses
    B ☐ Un tiers des informations sur les réseaux sociaux proviennent de robots
    C ☐ Les fausses informations sont davantage relayées que les vraies

3 Les médias traditionnels :   1 point
    A ☐ Ne donnent que de vraies informations
    B ☐ Font réfléchir et créent des discussions
    C ☐ Ne postent pas d'informations sur les réseaux sociaux

4 Les réseaux sociaux ont permis aux médias traditionnels de :   1,5 point
    A ☐ Changer
    B ☐ S'adapter
    C ☐ Remplacer leur support

5 Les médias traditionnels ont un avantage, qui est :   1,5 point
    A ☐ Le contrôle
    B ☐ Le budget
    C ☐ La confiance

6 Les médias traditionnels vont disparaître :   1,5 point
    A ☐ Vrai
    B ☐ Faux
    C ☑ C'est impossible à dire

7 L'avantage des réseaux sociaux, c'est :   0,5 point
    A ☐ L'éducation
    B ☐ La longévité
    C ☑ La rapidité

▶ **EXERCICE 3** Comprendre le point de vue d'un locuteur francophone *7 points*

Vous lisez l'opinion de ces trois personnes sur un forum français dont le sujet est « L'évolution des médias, est-elle positive ? »

Marie

Les médias ont une responsabilité cruciale dans notre société en tant qu'informateurs et vecteurs de débat public. Cependant, il est important de rester vigilant et critique, face aux biais et aux intérêts qui peuvent influencer le contenu médiatique. Pour s'assurer de recevoir des informations fiables et objectives, il est essentiel de s'informer à partir de plusieurs sources différentes et de prendre le temps de vérifier l'exactitude des informations. Ne pas se contenter d'une seule source d'information est une habitude à prendre pour éviter de se faire manipuler par des médias partiaux ou partialisant.

Rachel

Les réseaux sociaux ont indéniablement ouvert de nouvelles possibilités en termes d'accès à l'information et de la liberté d'expression. Cependant, ils ont également contribué à la prolifération de la désinformation, qui peuvent avoir des conséquences graves sur la société. Pour éviter de tomber dans le piège des fausses informations et de contribuer à leur diffusion, il est important de faire preuve de discernement et de vérifier l'origine et la crédibilité des informations avant de les partager. N'hésitez pas à utiliser des outils de vérification de l'information pour vous assurer de la véracité des faits avant de les diffuser.

Jean

Les médias doivent être un lieu de liberté d'expression et de débat, mais ils ont également un devoir de responsabilité envers leur public. Cela implique le respect des normes éthiques et déontologiques, ainsi que ceux des droits de l'homme et de la vie privée des individus. Il est également essentiel de promouvoir un discours respectueux et tolérant et de s'assurer que tous les points de vue sont représentés de manière équitable et impartiale. Cela permet de garantir une information juste et objective et de contribuer à un débat public enrichissant et constructif, qui respecte la diversité des opinions et des cultures.

À quelle personne associez-vous chaque point de vue ?
Pour chaque affirmation, cochez la bonne réponse.

1 Les bons médias ne favorisent aucune opinion : 1 point
- A ☐ Marie
- B ☐ Rachel
- C ☐ Jean

2 Les informations peuvent avantager certaines personnes ou organismes : 0,5 point
- A ☐ Marie
- B ☐ Rachel
- C ☐ Jean

3 Ne vous pressez pas pour assimiler une information : 2 points
- A ☐ Marie
- B ☐ Rachel
- C ☐ Jean

4 Les médias sociaux augmentent la transmission des fausses informations : 1 point
- A ☐ Marie
- B ☐ Rachel
- C ☐ Jean

5 5. Les médias doivent être conformes à la morale : 2 points
- A ☐ Marie
- B ☐ Rachel
- C ☐ Jean

6 Ne diffusez pas d'informations avant d'enquêter : 0,5 point
- A ☐ Marie
- B ☐ Rachel
- C ☐ Jean

6,5

/25

Mets cette note sur le graphique en **PAGE 3.**

Mes notes

Épreuve 2 - La mode

ÉPREUVE 2
LA MODE

Une
heure
maximum !

▶ **EXERCICE 1** Comprendre un texte informatif ou argumentatif   *9 points*

Dans un magazine d'actualité francophone, vous lisez un article sur l'histoire du talon.

La folle histoire du talon

Le talon est une partie de la chaussure qui remonte à l'Antiquité et qui a connu de nombreuses évolutions au fil des siècles. Dans l'Antiquité, le talon était principalement utilisé pour protéger la cheville et pour amortir les chocs lors de la marche. Il était généralement fabriqué en bois, en os ou en caoutchouc, et était attaché à la chaussure à l'aide de lanières de cuir ou de corde.

Au Moyen Âge, le talon était principalement utilisé par les guerriers et les seigneurs pour montrer leur statut social et leur puissance. Les talons étaient alors souvent plus épais et plus hauts, et étaient fabriqués en cuir ou en bois. Ils étaient également ornés de pierres précieuses ou de dorures, pour montrer leur richesse et leur élégance.

Au cours de la Renaissance, le talon a connu une nouvelle évolution, grâce à l'influence de la mode italienne. Les talons sont alors devenus plus élancés et plus fins, et étaient souvent utilisés par les femmes pour mettre en valeur leur silhouette et leur féminité. Les talons étaient également utilisés pour marquer la distinction sociale et étaient souvent réservés aux couches aisées de la population.

Au XIXe siècle, le talon a connu une nouvelle révolution grâce à l'invention de la machine à coudre et à la démocratisation de la chaussure. Les talons sont alors devenus plus accessibles et plus abordables, et ont été utilisés par les femmes de toutes les classes sociales. Les talons ont également été utilisés pour mettre les jambes en valeur et pour donner une allure plus féminine et élégante.

Aujourd'hui, le talon est encore un élément central de la chaussure et est utilisé pour mettre en valeur la silhouette et pour exprimer la personnalité et le style de chacun. Les talons existent dans de nombreuses formes et tailles, et sont utilisés dans de nombreux contextes, que ce soit pour la ville, pour le travail ou pour les loisirs. Le talon reste donc un élément emblématique de l'histoire de la chaussure, et continue d'évoluer au fil des tendances de la mode et de la culture vestimentaire.

Bien que le talon soit principalement associé aux chaussures de femmes, il est également utilisé dans certaines chaussures masculines, comme les bottes ou les derbys. Le talon est également utilisé dans les chaussures de sport, pour améliorer la performance et la stabilité.

L'histoire du talon est longue et riche, et a connu de nombreuses évolutions au fil des siècles. Le talon a été utilisé comme élément de protection, de distinction sociale, de mode et de style, et continue de jouer un rôle important dans la chaussure d'aujourd'hui.

Pour répondre aux questions, cochez la bonne réponse.

1 Dans l'Antiquité, le talon :   1 point
- A ☐ Était en cuir
- B ☐ Était utile pour se balader
- C ☐ Servait à stabiliser la cheville

2 Au Moyen Âge, les talons :   1 point
- A ☐ Étaient utilisés pour se battre
- B ☐ N'étaient qu'en bois
- C ☐ Prouvaient notre rang dans la société

3 Pendant la Renaissance, les talons :   1 point
- A ☐ N'étaient portés que par des femmes
- B ☐ Ont changé de forme
- C ☐ Étaient accessibles pour tous

4 À la Renaissance, le talon était synonyme de :   2 points
- A ☐ Talons pour toutes
- B ☐ Talons, la nouvelle invention
- C ☐ Vive le talon, adieu la chaussure !

5 Le talon aujourd'hui :   1 point
- A ☐ Gardera toujours la même fonction
- B ☐ Donne du charme
- C ☐ Est devenu démodé

6 Le talon est utilisé par les hommes :   2 points
- A ☐ Chez eux
- B ☐ Dans la rue
- C ☐ Pour regarder du sport

7 Le talon a évolué :   1 point
- A ☐ Et stagne ;
- B ☐ Et évoluera
- C ☐ Et va régresser.

Vous ne comprenez pas le manque de diversité dans le monde de la mode, vous vous renseignez en lisant cet article.

TOUJOURS LES MÊMES

La diversité est un sujet de plus en plus important dans l'industrie de la mode, qui est souvent critiquée pour son manque de diversité en matière de corps, de race et de genre.

Pour ce qui est de la diversité des corps, il est rare de voir des personnes de différentes tailles et de différentes formes représentées dans les campagnes publicitaires et les défilés de mode. Les personnes qui ne correspondent pas aux standards de beauté traditionnels sont souvent exclues de l'industrie de la mode, ce qui peut avoir un impact négatif sur leur estime de soi et leur confiance en soi.

Cependant, ces dernières années, il y a eu un mouvement croissant pour inclure plus de diversité de corps dans l'industrie de la mode, avec l'apparition de mannequins de différentes tailles et formes et l'adoption de lignes de vêtements plus étendues pour les tailles plus grandes.

La diversité raciale est également un sujet de préoccupation dans l'industrie de la mode. Les personnes de couleur sont souvent sous-représentées dans les campagnes publicitaires et les défilés de mode. Cela peut entraîner une certaine forme de discrimination et de racisme dans cette industrie et rendre difficile l'ascension et le succès des nouveaux créateurs de mode.

La mode a tendance à renforcer les stéréotypes et les clichés de genre, ce qui peut être préoccupant. Les vêtements et les accessoires sont souvent clairement destinés aux hommes ou aux femmes, et il y a peu de place pour la fluidité de genre ou l'expression de soi en dehors des normes standardisées.

Toutefois, il existe un mouvement croissant pour inclure plus de diversité de genre dans l'industrie de la mode, avec l'apparition de créateurs non binaires et l'adoption de lignes de vêtements non genrées.

Même si certains ne sont pas de cet avis, il est important de souligner que la diversité est une force et que l'industrie de la mode a tout à gagner en incluant et en célébrant la diversité en matière de corps, de race et de genre. En offrant des options de vêtements pour différentes tailles, en mettant en avant des mannequins et des créateurs de couleur et en créant des lignes de vêtements non genrées, l'industrie de la mode peut devenir plus inclusive et plus représentative de la société.

Cela peut non seulement améliorer l'estime de soi et la confiance en soi des personnes exclues de l'industrie, mais aussi permettre à l'industrie de s'adapter aux besoins et aux désirs de nouvelles clientèles.

Pour répondre aux questions, cochez la bonne réponse.

❶ Lequel de ce sujet ne pose pas de problème :   1 point

    A ☐ La couleur de la peau

    B ☐ La morphologie

    C ☐ Les défilés

❷ Dans les publicités :   1 point

    A ☐ On met des femmes comme dans la vraie vie

    B ☐ On ne met que des grandes femmes

    C ☐ Les diversités de formes sont peu représentées

❸ Dernièrement, la mode :   2 points

    A ☐ Est synonyme de discrimination

    B ☐ Propose autant de tailles qu'avant

    C ☐ Propose des vêtements pour tous

❹ La diversité raciale ne concerne pas :   2 points

    A ☐ Les clients

    B ☐ Les couturiers

    C ☐ Les mannequins

❺ Le dernier problème concerne :   1 point

    A ☐ Le poids

    B ☐ La distinction

    C ☐ La mixité

❻ Le but ultime de la mode est de :   1 point

    A ☐ L'inclusion de tous types de personnes

    B ☐ D'exclure les personnes représentant des stéréotypes

    C ☐ D'inspirer confiance envers les clients

❼ Le ton de cet article est :   1 point

    A ☐ Alarmant

    B ☐ Enthousiaste

    C ☐ Polémique

Vous lisez l'opinion de ces trois personnes sur un forum français dont le sujet est « La mode éthique »

Marie

Je suis persuadée que la mode éthique est une réalité et non un mythe. Il est possible de produire des vêtements de manière responsable et de respecter à la fois l'environnement et les droits des travailleurs. Il suffit de choisir les bonnes marques et de soutenir celles qui font des efforts pour être éthiques. En achetant de la mode éthique, on peut être fier de son style et de son mode de consommation. C'est une manière de montrer que l'on tient compte de l'impact de nos choix sur le monde qui nous entoure.

Paul

Je suis sceptique quant à la réalité de la mode éthique. Je pense que c'est un concept marketing qui sert surtout à faire du business. Les marques qui se revendiquent éthiques sont souvent très chères et ne sont pas accessibles à toutes les bourses. De plus, il est difficile de savoir ce qui se cache réellement derrière ces labels « éthiques ». Comment être sûr que les matières naturelles utilisées sont réellement respectueuses de l'environnement et que les travailleurs sont traités de manière juste ? Je préfère me concentrer sur des marques qui proposent des vêtements de qualité et qui durent dans le temps, plutôt que de me laisser berner par les discours marketing.

Sophie

Je suis partagée sur la question de la mode éthique. D'un côté, je suis persuadée qu'il est possible de produire des vêtements de manière responsable et respectueuse de l'environnement et des droits des travailleurs. J'ai déjà acheté des vêtements de marques éthiques et j'ai été satisfaite de la qualité et de la durée de vie de ces produits. Cependant, je suis consciente que cela reste un luxe pour certains. Les marques éthiques sont souvent plus chères que les autres et peu accessibles à tous les budgets. C'est pourquoi je pense qu'il est important de sensibiliser les gens à ces enjeux et de leur montrer qu'il est possible de consommer autrement. Il faut également encourager les marques « traditionnelles » à adopter des pratiques plus éthiques et responsables.

À quelle personne associez-vous chaque point de vue ?
Pour chaque affirmation, cochez la bonne réponse.

1 La mode éthique passe par les choix du consommateur :　　　0,5 point
- A ☐ Marie
- B ☐ Paul
- C ☐ Sophie

2 Je ne suis pas sûr(e) que la mode éthique existe :
0,5 point
- A ☐ Marie
- B ☐ Paul
- C ☐ Sophie

3 J'ai contribué à la mode éthique, j'ai aimé :
1 point
- A ☐ Marie
- B ☐ Paul
- C ☐ Sophie

4 La marque éthique est plus onéreuse que la marque traditionnelle :
- A ☐ Marie　　　2 points
- B ☐ Paul
- C ☐ Sophie

5 Consommer éthique prouve que l'on se rend compte des conséquences de nos choix :
- A ☐ Marie　　　1 point
- B ☐ Paul
- C ☐ Sophie

6 Je préfère acheter des vêtements de marque que l'on peut porter longtemps :
- A ☐ Marie　　　2 points
- B ☐ Paul
- C ☐ Sophie

12 **/25**

Mets cette note sur le
graphique en **PAGE 3.**

Mes notes

Épreuve 3 - L'environnement

ÉPREUVE 3

L'ENVIRONNEMENT

Une heure maximum !

▶ **EXERCICE 1** Comprendre un texte informatif ou argumentatif *9 points*

Dans un magazine d'actualité francophone, vous lisez un article sur les vêtements recyclés.

RECYCLEZ VOS VÊTEMENTS

Dans notre société, le recyclage des vêtements est un enjeu de plus en plus important, à la fois pour ne pas gaspiller les ressources naturelles et pour lutter contre l'encombrement des décharges. Mais comment recycler ses vêtements de manière efficace et responsable ? Et pourquoi est-il important de le faire ? Voici quelques éléments de réponse.

Tout d'abord, il est important de souligner que le recyclage des vêtements est bénéfique à plusieurs niveaux. En effet, le textile est un matériau qui peut être recyclé de manière à créer de nouveaux produits, tels que des coussins, des chiffons, etc. Cela permet de préserver les ressources naturelles (comme le coton, le lin, la laine, etc.), mais aussi de réduire les émissions de gaz à effet de serre liées à la production de nouveaux vêtements. Le recyclage des vêtements permet également de lutter contre l'encombrement des décharges, qui sont de plus en plus saturées, et de valoriser des vêtements qui ont encore de la valeur, plutôt que de les jeter.

Pour recycler ses vêtements de manière efficace, il existe plusieurs solutions. La première est de donner ou de vendre ses vêtements qui sont encore en bon état, soit à des associations caritatives, soit à des friperies ou à des vide-dressings. Cela permet de donner une seconde vie à ses vêtements et de les mettre entre de bonnes mains.

La seconde solution est de les recycler directement, soit en les apportant dans un centre de recyclage spécialisé, soit en les déposant dans des conteneurs dédiés ; on en trouve de plus en plus dans les villes et les villages. Il existe également des marques de vêtements qui proposent des programmes de recyclage, en récupérant les vêtements usagés et en les transformant en nouveaux produits. Enfin, il est également possible de recycler ses vêtements en les transformant soi-même, en cousant de nouveaux accessoires ou en créant de nouvelles pièces à partir de vêtements usagés.

Il est important de noter que le recyclage des vêtements ne doit pas se faire n'importe comment. Il est essentiel de trier ses vêtements en fonction de leur état et de leur matière, afin de les orienter vers le circuit de recyclage le plus adapté. Par exemple, les vêtements en coton peuvent être transformés en chiffons, alors que les vêtements en laine peuvent être transformés en isolation. Il est également important de ne pas mélanger les vêtements avec d'autres déchets, afin de faciliter leur tri et leur recyclage.

En conclusion, le recyclage des vêtements est un enjeu important pour préserver les ressources naturelles et lutter contre l'encombrement des décharges. Il existe plusieurs solutions pour recycler ses vêtements de manière efficace et responsable, en fonction de leur état et de leur matière. N'hésitez pas à explorer ces différentes options et à intégrer le recyclage des vêtements dans votre mode de vie, pour contribuer à un monde plus durable et respectueux de l'environnement.

soit à. soit à

encombrer
encombrement

Pour répondre aux questions, cochez la bonne réponse.

1 Quel est l'avantage du recyclage des vêtements ?　　　1 point

　A ☑ Recycler les déchets qui encombrent les décharges
　B ☐ La préservation des ressources sur terre
　C ☐ Réduire les déchets non triés.

2 Quelles sont les solutions pour recycler le textile ?　　　2 points

　A ☐ Le revendre
　B ☑ Le transformer
　C ☐ Le donner.

3 À qui ne vend-on pas nos vêtements d'occasion :　　　2 points

　A ☐ Aux organismes qui aident les démunis
　B ☑ Aux particuliers
　C ☐ Aux magasins de vêtements d'occasion

4 Quelle solution pour recycler ses vêtements est correcte :　　　2 points

　A ☐ Mettre ses vêtements dans un conteneur dédié en décharge
　B ☐ Donner ses vêtements de marque à des centres de recyclage
　C ☑ Fabriquer d'autres choses avec nos vêtements

5 Quels sont les vêtements qui peuvent être transformés en chiffons ?　1 point

　A ☑ Les vêtements en coton
　B ☐ Les vêtements en laine
　C ☑ Les vêtements en laine et en coton

6 Comment trie-t-on les vêtements avant de les recycler ?　　　0,5 point

　A ☐ Par taille et matière
　B ☑ Par matière et par état
　C ☐ Par marque et par état

7 Cet article :　　　0,5 point

　A ☑ Conseille
　B ☐ Critique
　C ☐ Dénonce

LE BILAN ÉCOLOGIQUE DES TROTTINETTES ÉLECTRIQUES

Les trottinettes électriques sont de plus en plus utilisées dans les villes comme moyen de transport durable et écologique, qui permet de réduire les émissions de gaz à effet de serre et les nuisances sonores. Cependant, l'utilisation des trottinettes électriques a un impact environnemental, même s'il est moins important que celui des véhicules à moteur thermique.

En effet, la production des trottinettes électriques nécessite de l'énergie et des matières premières (comme le métal, le plastique, etc.) qui ont un coût environnemental. De plus, les batteries et les freins des trottinettes électriques ont une durée de vie limitée et doivent être recyclés ou remplacés régulièrement de manière responsable, c'est-à-dire en s'adressant à des professionnels ou à des centres de recyclage spécialisés.

Les avantages écologiques des trottinettes électriques sont nombreux. Tout d'abord, les trottinettes électriques sont alimentées par une source d'énergie renouvelable (l'électricité), ce qui leur permet de ne pas rejeter de gaz à effet de serre ou de particules fines lors de leur utilisation. En comparaison avec les véhicules à moteur thermique (essence ou diesel), les trottinettes électriques ont donc un impact environnemental nettement moins important.

De plus, les trottinettes électriques sont plus silencieuses que les véhicules à moteur thermique, ce qui contribue à améliorer à réduire les nuisances sonores dans les villes.

Ensuite, les trottinettes électriques permettent de réduire les embouteillages dans les villes, ce qui a un impact positif sur la qualité de l'air et sur la qualité de vie des citadins. En effet, en incitant les personnes à utiliser des trottinettes électriques plutôt que leurs véhicules individuels, on peut réduire le nombre de véhicules sur les routes.

Il est donc important pour les personnes de prendre en compte ces aspects lors de l'utilisation des trottinettes. Pour cela, il est recommandé d'acheter des trottinettes électriques de qualité, qui sont fabriquées à partir de matériaux durables et recyclables, et qui ont une durée de vie et une autonomie élevée.

Il est également important de respecter les règles de circulation et de stationnement des trottinettes électriques, afin d'éviter les accidents et les nuisances pour les autres usagers de la route.

En conclusion, les trottinettes électriques sont un moyen de transport durable et écologique qui permet de réduire les émissions de gaz à effet de serre et les nuisances sonores dans les villes. Cependant, leur production et leur utilisation ont un impact environnemental, qui peut être réduit en choisissant des trottinettes électriques de qualité, en respectant les règles de circulation et de stationnement, et en recyclant ou remplaçant les batteries de manière responsable. En adoptant une utilisation responsable et éco-friendly des trottinettes électriques, on peut contribuer à améliorer la qualité de l'air et de l'environnement dans les villes, tout en profitant des avantages de ce mode de transport rapide et pratique.

Pour répondre aux questions, cochez la bonne réponse.

1 Quel est l'avantage des trottinettes électriques en ville ? 1 point
  A ☐ Elles rejettent peu de gaz à effet de serre
  B ☐ Elles sont moins bruyantes
  C ☑ Elles ne polluent pas

2 L'avantage écologique des trottinettes, c'est : 2 points
  A ☐ La durée de vie des composants ✗
  B ☑ La recharge ✗
  C ☐ Les rares particules fines rejetées

3 Avec les trottinettes électriques, les automobilistes : 1 point
  A ☐ Font plus attention
  B ☑ Sont moins nombreux
  C ☐ Sont gênés

4 Quelles sont les limites écologiques des trottinettes électriques : 1,5 point
  A ☐ Elles consomment trop d'énergie
  B ☑ Certaines pièces sont souvent changées
  C ☐ Leur recyclage est impossible

5 L'impact environnemental d'une trottinette peut être limité par : 1 point
  A ☐ L'acheteur
  B ☐ Le vendeur
  C ☐ Le fabricant

6 Ce qui est primordial pour l'écologie, c'est : 1,5 point
  A ☑ L'entretien de sa trottinette
  B ☐ Les accidents de trottinettes
  C ☐ Le stationnement des trottinettes

7 L'auteur conclut en disant qu'avec les trottinettes : 1 point
  A ☑ L'air est meilleur
  B ☐ On fait des économies
  C ☐ On est plus rapide

▶ **EXERCICE 3** Comprendre le point de vue d'un locuteur francophone   *7 points*

Vous lisez l'opinion de ces trois personnes sur un forum français dont le sujet est « L'écologie »

Anna

Je trouve que la pollution de l'air et de l'eau est un grave problème, qui affecte non seulement notre santé, mais aussi celle de la faune et de la flore. Les entreprises et les gouvernements doivent prendre des mesures concrètes pour réduire les émissions de gaz à effet de serre et protéger nos ressources naturelles. De plus, nous devons tous être responsables de notre impact sur l'environnement et adopter de meilleures habitudes de consommation et de développement durable.

Paul

Je pense que l'environnement est souvent pris en otage par les intérêts économiques à court terme. Les gouvernements et les entreprises sont trop souvent prêts à mettre en danger la santé de la planète et de ses habitants pour maximiser leurs profits. C'est pourquoi je soutiens les mouvements environnementaux qui luttent pour la préservation de la nature et la justice sociale. Nous devons exiger de nos dirigeants qu'ils prennent des décisions éthiques et responsables à long terme.

Sophie

Je trouve qu'il y a beaucoup de pression sur les individus pour qu'ils protègent l'environnement, mais je pense qu'il faut aussi reconnaître les limites de notre pouvoir d'influence. Nous ne pouvons pas tous être des militants écologistes à temps plein. Il est important de trouver un équilibre entre notre impact sur l'environnement et notre bien-être personnel. Nous devons prendre des mesures concrètes pour réduire notre empreinte écologique, mais nous ne devons pas nous sentir coupables ou écrasés par la responsabilité de sauver la planète. Nous pouvons commencer par faire de petits changements dans notre vie".

À quelle personne associez-vous chaque point de vue ?
Pour chaque affirmation, cochez la bonne réponse.

1 On ne peut pas toujours respecter l'environnement :   1 point
   A ☐ Anna
   B ☐ Paul
   C ☑ Sophie

2 Évitons de culpabiliser sur l'état de la planète :
   A ☐ Anna   2 point
   B ☑ Paul
   C ☐ Sophie

3 La pollution est problématique pour les animaux et les plantes :
   A ☑ Anna   2 points
   B ☐ Paul
   C ☐ Sophie

4 J'aide les associations de préservation de l'environnement :
   A ☐ Anna   0,5 point
   B ☑ Paul
   C ☐ Sophie

5 Nous devons être responsables de nos actes et agir contre la pollution :
   A ☑ Anna   1 point
   B ☐ Paul
   C ☐ Sophie

6 Certains dégradent l'environnement pour de l'argent :
   A ☐ Anna   0,5 point
   B ☑ Paul
   C ☐ Sophie

/25

Mets cette note sur le
graphique en **PAGE 3.**

Mes notes

Épreuve 4 - L'art

ÉPREUVE 4

L'ART

Une heure maximum !

2 Compréhension des écrits 25 points

▶ **EXERCICE 1** Comprendre un texte informatif ou argumentatif 9 points

Dans un magazine d'actualité francophone, vous lisez un article sur les prix de l'art.

POURQUOI L'ART COUTE-T-IL SI CHER ?

L'art est un monde fascinant qui a toujours suscité l'intérêt et la curiosité des gens. Depuis la Préhistoire, l'homme a créé des œuvres d'art pour exprimer ses émotions, ses croyances et son univers intérieur. Aujourd'hui encore, l'art est présent dans notre vie quotidienne, sous différentes formes et dans de nombreux domaines.

Mais pourquoi l'art coûte-t-il souvent cher ? Il y a plusieurs raisons à cela. Tout d'abord, de nombreux artistes consacrent une grande partie de leur vie à l'apprentissage de leur métier et à la création de leur travail. Cela peut prendre des années, voire des décennies, avant qu'un artiste ne soit reconnu et qu'il puisse vendre ses créations à des prix exorbitants. Pendant tout ce temps, il doit s'entraîner, s'informer, s'inspirer et créer, ce qui implique souvent un investissement important en termes de temps et d'énergie.

Ensuite, la production d'œuvres d'art peut être coûteuse en elle-même. Selon le type d'art, il peut être nécessaire d'acheter des matériaux et de l'équipement spécifiques, qui peuvent être chers. Par exemple, un peintre doit acheter de la peinture, des pinceaux et un support, tandis qu'un sculpteur doit se procurer de la pierre, du bois ou de l'argile, ainsi que des outils pour tailler et modeler. De même, un musicien doit souvent acheter ou louer un instrument, alors qu'un danseur doit investir dans des chaussons et des costumes.

Enfin, l'art est souvent considéré comme une forme de luxe, et les gens sont prêts à payer des sommes importantes pour posséder une œuvre d'art originale ou de qualité. Cela peut être dû à la rareté de l'œuvre, à sa beauté ou à son symbolisme.

Dans certains cas, l'art peut même être considéré comme un investissement, car il peut prendre de la valeur au fil du temps et être revendu parfois trois ou quatre fois plus cher. Il est important de noter que la valeur de l'art n'est pas toujours liée à son coût de production. En effet, de nombreuses œuvres d'art ont été créées avec des matériaux peu coûteux, mais ont néanmoins été vendues pour des sommes importantes. Cela peut être dû à l'importance ou à la renommée de l'artiste, ou encore à l'intérêt suscité par l'œuvre elle-même. De même, certaines œuvres d'art ont acquis de la valeur au fil du temps, simplement parce qu'elles ont été conservées et préservées avec soin.

Il est également important de noter que le coût de l'art peut être influencé par de nombreux autres facteurs, tels que la demande, la mode ou encore les tendances du marché. Certaines œuvres d'art sont particulièrement prisées à un moment donné, ce qui peut entraîner une hausse de leur valeur. En revanche, d'autres peuvent être moins populaires et donc moins chères.

Pour répondre aux questions, cochez la bonne réponse.

1 Autrefois, l'art :   1 point   ✗

    A ☐ Intéressait des gens

    B ☐ Faisait croire des choses aux gens

    C ☑ Était pour les riches

2 Une œuvre d'art peut être créée :   1 point

    A ☑ Pendant plusieurs années ou décennies   ✗

    B ☐ Par des artistes énergiques

    C ☐ Par des artistes formés pendant des années

3 Les œuvres peuvent coûter cher à cause :   1 point   ✗

    A ☐ De la renommée de l'artiste

    B ☑ Du coût de sa formation

    C ☐ Du temps nécessaire pour qu'elles soient célèbres

4 Quelle phrase peut justifier l'acquisition d'une œuvre ?   2 points

    A ☐ « 1 € le tableau, j'achète ! »   ✓

    B ☑ « Il n'existe qu'un tableau comme celui-ci ! »

    C ☐ « Ce tableau est de qualité, j'en veux 10 »

5 Certains achètent des œuvres :   1,5 point

    A ☐ Pour décorer   ✓

    B ☑ Pour faire du bénéfice

    C ☐ Car elles sont peu coûteuses

6 Quel élément n'apporte pas de valeur à une œuvre ?   1 points

    A ☐ La renommée de l'artiste   ✓

    B ☐ La préservation de l'œuvre

    C ☑ Sa date de création

7 La valeur d'une œuvre :   1,5 point

    A ☑ Augmente avec le temps   ✗

    B ☐ Varie selon la période

    C ☐ Varie à la mort de l'artiste

4,5

Vous croyez que l'art a un rapport avec la santé, vous vous renseignez en lisant cet article.

L'ART AU SERVICE DE LA SANTÉ

L'art-thérapie est une forme de thérapie qui utilise la créativité et l'expression artistique pour aider les gens à améliorer leur santé mentale et leur bien-être général. Cette forme de thérapie peut être utilisée avec une variété de population et de problèmes de santé mentale, y compris le stress, l'anxiété, la dépression et les troubles de l'humeur.

Pendant une séance d'art-thérapie, le thérapeute encourage le client à produire de l'art en utilisant différentes techniques et matériaux, tels que la peinture, le dessin, la sculpture et le collage. Le processus de création artistique peut aider les gens à exprimer leurs émotions et leurs pensées de manière non verbale, ce qui peut être particulièrement utile pour ceux qui ont du mal à parler de leurs problèmes.

L'art-thérapie peut être bénéfique pour les personnes qui rencontrent des difficultés à exprimer leurs émotions de manière verbale, ainsi que pour celles qui ont du mal à se connecter à leurs émotions. Il peut également être utile pour ceux qui sont en proie à des traumatismes ou qui ont des troubles de la personnalité, car il permet de s'exprimer de manière créative et sécurisante.

En plus de fournir un outil créatif pour l'expression des émotions, l'art-thérapie peut également aider à la prise de conscience de soi et à la compréhension de soi. Il peut également aider les gens à développer de nouvelles compétences et à acquérir de nouvelles perspectives sur leur vie.

Il n'est pas nécessaire d'avoir des compétences artistiques préalables pour bénéficier de l'art-thérapie. L'accent est mis sur le processus de création plutôt que sur le produit final. Le thérapeute peut aider le client à explorer différentes techniques et matériaux et à trouver ce qui fonctionne le mieux pour lui.

L'art-thérapie peut être utilisé seul ou en combinaison avec d'autres formes de thérapie, selon les besoins du client. Il peut être particulièrement utile pour ceux qui répondent mieux à une approche non verbale de la thérapie.

Il existe de nombreux professionnels formés en art-thérapie, y compris des psychologues, des travailleurs sociaux et des conseillers en orientation. Si vous pensez que l'art-thérapie pourrait vous être bénéfique, il est recommandé d'en discuter avec votre médecin ou un autre professionnel de la santé mentale pour obtenir des recommandations de professionnels qualifiés dans votre région. Il est important de se rappeler que l'art-thérapie n'est pas un remède miracle pour tous les problèmes de santé mentale et qu'il peut ne pas être adapté à tout le monde.

En fin de compte, l'art-thérapie est une forme de thérapie qui utilise la créativité et l'expression artistique pour aider les gens à gérer leur santé mentale et à améliorer leur bien-être général. Si vous pensez que cette approche pourrait vous convenir, il est recommandé d'en discuter avec un professionnel en santé mentale pour obtenir des recommandations et des conseils pour trouver un thérapeute qualifié dans votre région.

Pour répondre aux questions, cochez la bonne réponse.

1 L'art-thérapie soigne : 1 point

    A ☑ Les handicapés mentaux

    B ☐ Les personnes anxieuses

    C ☐ Les patients sous pression

2 Pendant la séance, le patient : 2 points

    A ☐ Discute avec le médecin en créant de l'art

    B ☑ Crée une œuvre d'art

    C ☐ Discute avec le médecin

3 Cette thérapie est vraiment utile pour ceux : 2 points

    A ☑ Qui ont du mal à s'exprimer

    B ☐ Qui aiment l'art

    C ☐ Qui ont besoin de créativité et de sécurité

4 L'art-thérapie aide : 1,5 point

    A ☑ À mieux se connaître

    B ☐ À mieux vivre

    C ☐ À mieux maîtriser l'art

5 L'art-thérapie est pratiqué : 0,5 point

    A ☑ Par plusieurs métiers différents

    B ☐ Uniquement par des métiers du domaine de la santé

    C ☐ Par des médecins ou des professionnels de la santé mentale

6 L'efficacité de cette thérapie 1 point

    A ☐ Est miraculeuse

    B ☑ Dépend du type de patient

    C ☐ Est toujours positive en ce qui concerne le bien-être

7 Si on est intéressé : 1 point

    A ☑ On contacte un médecin ou un professionnel en santé mentale

    B ☐ On cherche un thérapeute

    C ☐ On suit la thérapie avec un professionnel en santé mentale

Vous lisez l'opinion de ces trois personnes sur un forum français dont le sujet est « La place du street art »

Marie

Je trouve que le street art est une forme de vandalisme. Les artistes de rue n'ont pas le droit de peindre sur les murs ou les immeubles sans autorisation. Cela donne un mauvais exemple pour les jeunes et cela peut causer des problèmes de propreté et de sécurité dans les villes. De plus, cela nuit à l'esthétique des villes et à l'image qu'elles veulent donner. Il y a des endroits prévus pour l'art, comme les galeries et les musées, et je pense que les artistes devraient se limiter à ces espaces plutôt que de s'exprimer de manière illégale dans les rues.

David

Le street art peut être considéré comme du vandalisme, mais je pense qu'il peut aussi être un moyen de s'exprimer pour les nouveaux artistes qui n'ont pas les moyens de s'offrir un espace d'exposition traditionnel. En plus, certaines œuvres de street art sont vraiment magnifiques et apportent de la couleur et de la vie dans les quartiers. Je pense qu'il faut trouver un juste milieu et permettre aux artistes de s'exprimer, tout en veillant à ce qu'ils respectent les lois et les règlements. Par exemple, il pourrait être possible de créer des zones où les artistes de rue peuvent peindre librement, sous certaines conditions. Cela permettrait de préserver l'intégrité des immeubles et des rues tout en permettant aux artistes de s'exprimer de manière légale.

Rachel

Le street art est un moyen de créer de la beauté dans les quartiers où il y en a peu. Les artistes de rue ajoutent de la couleur et de l'originalité dans des endroits qui sont souvent gris et banals. Je trouve que cela apporte de la vie et de l'intérêt dans les villes et je pense que cela devrait être encouragé plutôt que réprimé. De nombreux artistes de rue talentueux ont vu leur carrière décoller grâce à leur travail dans les rues, et je pense que cela montre que le street art peut être une force positive dans la communauté. Je trouve aussi que cela peut être un moyen pour les artistes de s'exprimer sur des sujets sociaux et politiques importants, et cela peut aider à sensibiliser les gens sur ces sujets de manière créative et non conventionnelle.

À quelle personne associez-vous chaque point de vue ?
Pour chaque affirmation, cochez la bonne réponse.

1 Le street art enlaidit les villes :
1 point
A ☑ Marie
B ☐ David
C ☐ Rachel

2 Je ne pense pas que la punition soit utile, bien au contraire :
0,5 point
A ☑ Marie
B ☐ David
C ☐ Rachel

3 Le street art peut éveiller les consciences :
1 point
A ☐ Marie
B ☑ David
C ☐ Rachel

4 Le street art est une opportunité pour les artistes inconnus :
1,5 point
A ☐ Marie
B ☑ David
C ☑ Rachel

5 Les graffeurs peuvent peindre si on leur en donne l'autorisation :
2 points
A ☐ Marie
B ☑ David
C ☐ Rachel

6 Il faudrait donner la possibilité aux graffeurs de peindre à certains endroits :
1 point
A ☐ Marie
B ☑ David
C ☐ Rachel

/25
Mets cette note sur le graphique en **PAGE 3.**

Mes notes

Épreuve 5 - Le travail

ÉPREUVE 5

LE TRAVAIL

Une heure maximum !

2 Compréhension des écrits 25 points

▶ **EXERCICE 1** Comprendre un texte informatif ou argumentatif 9 points

Dans une revue francophone, vous lisez un article sur les menaces de la robotisation et de l'automatisation.

LA ROBOTISATION, MENACE POUR LES MÉTIERS DE L'INDUSTRIE ?

Ces dernières années, la robotisation et l'automatisation ont considérablement transformé le paysage industriel. Les entreprises ont augmenté leur productivité et leur compétitivité en utilisant des robots et des systèmes automatisés, réduisant ainsi leurs coûts de production, remplaçant certaines tâches fastidieuses et répétitives qui étaient auparavant accomplies par des travailleurs humains. Ce faisant, ils améliorent leurs conditions de travail et réduisent les risques de fatigue ou de stress.

Il est indéniable que ces deux techniques ont eu un impact sur les emplois.

Cependant, ces évolutions ont également suscité des inquiétudes quant à l'avenir des emplois, qui sont perçus comme menacés par la robotisation et l'automatisation. Cela peut effectivement entraîner des suppressions de postes si les entreprises décident de se passer de main-d'œuvre humaine au profit de robots.

Par exemple, dans les usines de montage de voitures, les robots ont été utilisés pour souder les pièces ensemble avec plus de précision et de rapidité que les travailleurs humains. Cela a conduit à la suppression de nombreux emplois de soudeurs et à une réduction de la main-d'œuvre globale dans l'industrie.

Il faut donc accompagner les travailleurs concernés par ces évolutions, en leur proposant des formations et/ou une reconversion professionnelle, afin de leur permettre de s'adapter. Il est également essentiel de garantir une répartition équitable des bénéfices de la robotisation et de l'automatisation, afin de ne pas créer d'inégalités et de favoriser l'inclusion sociale.

Les avis sur cette question sont partagés. Certains, comme le professeur Brynjolfsson, de MIT, soutiennent que l'automatisation augmentera la productivité et créera de nouveaux emplois, tandis que d'autres, comme le professeur Frey de l'Université d'Oxford, estiment que les robots remplaceront des emplois humains et entraîneront une augmentation du chômage.

Il est donc important de mettre en place des politiques pour gérer ces changements et de continuer à surveiller l'évolution de ces tendances pour assurer la pérennité de l'emploi et la croissance économique.

En conclusion, la robotisation et l'automatisation peuvent représenter une opportunité pour les emplois de l'industrie, mais elles peuvent également susciter des inquiétudes quant à l'avenir de ces emplois.

Pour répondre aux questions, cochez la bonne réponse.

1 Grâce à la robotisation, la production est :   1 point

A ☑ Efficace
B ☐ Coûteuse
C ☐ Lente

2 Les métiers de l'industrie :   1 point

A ☐ Sont moins difficiles
B ☐ Sont tous supprimés
C ☑ Sont fatigants et stressants

3 Ce qu'il faut faire, c'est :   1 point

A ☐ Ne travailler qu'avec des robots
B ☑ S'adapter à la robotisation
C ☐ Limiter l'utilisation des robots

4 La pérennité des emplois dépend :   2 points

A ☑ De l'entreprise
B ☐ Des capacités des machines
C ☐ De la formation des employés

5 Dans l'usine automobile, certains soudeurs :   0,5 point

A ☐ Ont changé de poste
B ☐ Apprenaient à souder avec des machines
C ☑ Ont quitté l'entreprise

6 Selon le professeur Brynjolfsson :   2 points

A ☐ Les robots créent du chômage
B ☑ Les métiers vont changer
C ☐ Le professeur Frey a raison

7 7. À la fin de l'article, les robots sont considérés comme :   1,5 point

A ☐ Négatifs
B ☐ Positifs
C ☑ Positifs et négatifs

L'ÉVOLUTION DES MÉTIERS DE L'INFORMATIQUE : OPPORTUNITÉS ET DÉFIS

L'informatique est un domaine en constante évolution, qui a connu de profonds changements ces dernières années. Les métiers de l'informatique ont été fortement affectés par ces évolutions, offrant de nouvelles opportunités, mais aussi des défis à relever.

Les opportunités offertes par l'évolution de l'informatique sont nombreuses. En effet, de nouvelles technologies ont vu le jour, comme l'intelligence artificielle, le cloud computing ou encore la blockchain, qui ont créé de nouveaux métiers et de nouvelles opportunités de carrière. C'est également un domaine très demandé sur le marché du travail, avec des salaires attractifs et des perspectives de carrière prometteuses.

Les métiers de l'informatique sont très polyvalents, ce qui permet de travailler dans de nombreux secteurs et de s'adapter à de nombreuses situations. Par exemple, un développeur de logiciels peut travailler dans une entreprise de logiciels, dans une agence de communication, dans une start-up, ou encore en freelance. De même, un expert en sécurité informatique peut travailler dans une entreprise de services informatiques, dans une banque, dans une administration mais aussi en tant que consultant indépendant.

En revanche, l'évolution de l'informatique présente également des défis à relever. En effet, les technologies évoluent rapidement, ce qui implique de devoir sans cesse se mettre à jour et de se former de manière continue. Cela peut représenter un investissement en temps et en argent qui n'est pas accessible à tous. De plus, l'informatique est un domaine très concurrentiel, avec un nombre important de candidats pour un nombre limité de postes. Cela peut rendre difficile l'accès à certaines positions et requérir de solides compétences et de l'expérience pour se démarquer.

En outre, l'informatique est un domaine qui peut être en tension avec les préoccupations éthiques et sociétales. Par exemple, la protection de la vie privée et de la sécurité des données est un enjeu majeur, qui nécessite chez les informaticiens de maîtriser les réglementations en vigueur et de développer des solutions adaptéespour les appliquer. De même, la robotisation et l'automatisation peuvent créer des inquiétudes quant à l'avenir de certains métiers et à la répartition des bénéfices générés par ces évolutions. Il est donc important de prendre ces enjeux en compte et de trouver des solutions équilibrées pour gérer les impacts de l'informatique sur la société.

À l'avenir, les informaticiens seront de plus en plus impliqués dans le développement et l'utilisation de l'intelligence artificielle (IA). Par exemple, ils pourraient concevoir et entraîner des modèles de machine learning pour améliorer les systèmes de recommandation d'un site de commerce électronique ou pour optimiser les paramètres d'un réseau de transport intelligent.

Les informaticiens pourraient également concevoir des systèmes de dialogue pour les assistants virtuels ou des systèmes de reconnaissance vocale pour les appareils intelligents. En général, et pour les informaticiens, l'IA offre de nombreuses opportunités de créer des systèmes plus intelligents et plus automatisés, qui peuvent améliorer la vie des gens de différentes manières.

Pour répondre aux questions, cochez la bonne réponse.

1 Les métiers de l'informatique :   1 point
   A ☑ Ont évolué
   B ☐ Sont remplis de challenges
   C ☐ Ont peu d'offres d'emploi avec de bons salaires

2 Les informaticiens :   2 points
   A ☑ Sont bien payés
   B ☐ Sont très spécifiques
   C ☐ Travaillent toujours pour eux

3 Ce qui est primordial pour un informaticien, c'est :   1 point
   A ☑ De se former autant que possible
   B ☐ D'investir dans des formations
   C ☐ De former de futurs informaticiens

4 Ce qui pose problème aux informaticiens, c'est :   1,5 point
   A ☑ Le nombre de postes à pourvoir
   B ☐ Les formations imposées
   C ☐ Les compétences spécifiques demandées

5 L'informaticien éthique :   1 point
   A ☐ Connaît et facilite l'application de la loi
   B ☑ Partage les bénéfices de ses découvertes
   C ☐ Améliore la société grâce à ses inventions

6 Les informaticiens seront :   1,5 point
   A ☑ Remplacés par l'intelligence artificielle
   B ☐ Ne vont qu'améliorer la vie des e-commerçants
   C ☑ Vont développer des intelligences artificielles

7 En résumé, l'objectif de l'IA est de :   1 point
   A ☐ Faciliter notre quotidien
   B ☐ Dialoguer avec des humains
   C ☑ Enrichir l'utilité des appareils

▶ **EXERCICE 3** Comprendre le point de vue d'un locuteur francophone *7 points*

Vous lisez l'opinion de ces trois personnes sur un forum français dont le sujet est « Le télétravail »

Marie

Je suis très favorable au télétravail. Cela permet de gagner du temps et de l'argent en évitant les déplacements, tout en offrant plus de flexibilité et d'autonomie. Le télétravail est également une solution pour les personnes qui habitent loin de leur lieu de travail ou qui ont des contraintes de garde d'enfants. Cependant, il est important de définir des règles et des horaires pour ne pas mélanger vie personnelle et vie professionnelle et éviter l'isolement.

David *mixed*

Je suis assez mitigé sur le télétravail. D'un côté, cela peut être très pratique pour certaines personnes, mais pour d'autres, cela peut être difficile à gérer. En effet, travailler de chez soi peut être isolant et manquer de stimulation, surtout si on est habitué à travailler en équipe. De plus, il est important de bien équiper son espace de travail et d'avoir un bon accès à internet pour être productif.

Sophie

Le télétravail n'est pas adaptable à tous les métiers et tous les profils. Certaines personnes ont besoin de l'interaction et de la présence physique de leurs collègues pour être motivées et efficaces. Pour d'autres, travailler de chez soi peut être une véritable contrainte, notamment si on a des enfants en bas-âge ou si on habite dans un appartement exigu. Il faut donc être vigilant et voir si le télétravail est réellement adapté à ses besoins et à son mode de vie.

À quelle personne associez-vous chaque point de vue ?
Pour chaque affirmation, cochez la bonne réponse.

1 Le télétravail est positif, mais pas pour tous :   2 points
- A ☐ Marie
- B ☐ David
- C ☑ Sophie

2 Le télétravail peut tuer les relations sociales :   0,5 point
- A ☐ David
- B ☐ Marie
- C ☑ Sophie

3 Le télétravail nous permet de nous autogérer :   1 point
- A ☑ Marie
- B ☐ David
- C ☐ Sophie

4 Pour certaines professions, le télétravail est impossible :   1,5 point
- A ☐ Marie
- B ☑ David
- C ☐ Sophie

5 Avant de télétravailler, il faut se poser les bonnes questions :   1 point
- A ☐ Marie
- B ☐ David
- C ☑ Sophie

6 On ne perd pas de temps dans les transports avec le télétravail :   1 point
- A ☑ Marie
- B ☐ David
- C ☐ Sophie

/25
Mets cette note sur le
graphique en **PAGE 3.**

Mes notes

Épreuve 6 - Le tourisme

- "refléchir !"
- trouver la raison → décider

ÉPREUVE 6

LE TOURISME

Une heure maximum !

▶ **EXERCICE 1** Comprendre un texte informatif ou argumentatif *9 points*

Dans une revue francophone, vous lisez un article sur le tourisme.

LE TOURISME ET SES CONSÉQUENCES

Le tourisme est un secteur en constante croissance, qui apporte de nombreux bienfaits économiques, culturels et sociaux. Cependant, il convient de souligner que le tourisme peut également avoir des impacts négatifs et il est donc important de mettre en place des mesures pour limiter ces impacts et favoriser un tourisme responsable.

Tout d'abord, il convient de mentionner les bienfaits économiques du tourisme. Selon l'Organisation mondiale du tourisme, le tourisme représente environ 10 % du PIB mondial et emploie près de 330 millions de personnes dans le monde. Le tourisme contribue donc à la création d'emplois et à la croissance économique des destinations touristiques de manière significative. En outre, le tourisme peut être une source de revenus pour les populations locales, qui peuvent bénéficier de la création de micro-entreprises liées au tourisme, comme les hébergements locaux, les restaurants ou les activités de loisirs.

Le tourisme a aussi un impact culturel important, en permettant de découvrir et de valoriser les cultures et les traditions des destinations visitées. Il contribue à la préservation du patrimoine et à la promotion de la diversité culturelle, en incitant à la restauration et à la mise en valeur des sites historiques et culturels.

On peut également dire qu'il présente des bienfaits sociaux, en créant du lien et en permettant à des personnes de différents horizons de se rencontrer et de partager des expériences. Le tourisme est une occasion de développer l'ouverture d'esprit et de favoriser la tolérance et le respect de l'autre.

Le tourisme peut également avoir des impacts négatifs sur l'environnement, notamment en termes de pollution de l'air et de l'eau, de déforestation et de dégradation des écosystèmes. Il est donc important de mettre en place des mesures pour limiter ces impacts, comme la promotion de pratiques respectueuses de l'environnement ou la mise en place de politiques de développement durable dans les destinations touristiques.

Il convient également de veiller à ce que le tourisme ne soit pas source d'exploitation, notamment pour les travailleurs du tourisme, qui doivent être payés au juste prix et travailler dans de bonnes conditions. il est également important de ne pas promouvoir un tourisme de masse, qui pourrait mettre en danger l'identité culturelle des destinations et perturber la vie des populations locales.

Un tourisme équitable peut passer par la mise en place de partenariats avec les acteurs locaux, la promotion de circuits courts et de produits locaux, ou encore la mise en place de programmes de sensibilisation pour les touristes.

Enfin, il convient de veiller à ne pas exploiter les situations de crise pour se rendre dans des destinations à bas coût, mais plutôt de soutenir les populations locales en privilégiant des destinations responsables et solidaires.

Pour répondre aux questions, cochez la bonne réponse.

1 Le tourisme : 1 point
- A ☐ Est négatif pour les locaux
- B ☐ Négatif pour l'économie
- C ☑ Est négatif pour la nature

2 Qui profite économiquement du tourisme ? 1 point
- A ☑ Les hôtels
- B ☐ Les touristes
- C ☐ Le pays d'origine des touristes

3 La culture locale est menacée par : 1 point
- A ☐ Le nombre de touristes trop important
- B ☑ La promotion du tourisme équitable
- C ☐ Les conflits entre différentes personnes

4 Quel est l'inconvénient du tourisme ? 2 points
- A ☐ Il exploite les travailleurs locaux
- B ☐ Il tue des forêts
- C ☑ Il ne limite pas les arrivées

5 Le tourisme équitable veut : 0,5 point
- A ☑ De la justice pour les acteurs locaux
- B ☐ La richesse des acteurs locaux
- C ☐ Des partenariats entre acteurs locaux

6 La solution aux problèmes du tourisme, c'est : 2 points
- A ☐ L'imposition de lois
- B ☑ Le développement des entreprises
- C ☐ L'acceptation de touristes responsables uniquement

7 Il faut éviter : 1,5 point
- A ☐ D'aller dans les pays riches
- B ☑ De profiter des destinations à bas coût
- C ☐ De mettre en place des mesures limitantes pour le tourisme

Vous croyez que le volontourisme est inutile, vous vous renseignez en lisant cet article.

LE VOLONTOURISME

Le volontourisme, également appelé tourisme solidaire ou tourisme de développement, est un phénomène en croissance, qui consiste à effectuer des voyages de deux semaines à caractère humanitaire ou écologique, en proposant des services bénévoles dans des pays en développement. Selon certaines estimations, le nombre de volontours serait passé de 1,6 million en 2004 à environ 6 millions en 2017.

Le volontourisme peut être une occasion de s'engager dans des projets de développement, de découvrir de nouvelles cultures et de s'ouvrir à de nouvelles expériences. Il peut également être bénéfique pour les populations locales, en apportant un soutien financier et en offrant des opportunités de formation et de développement.

Pour être bénéfique, le volontourisme doit être organisé de manière responsable et équitable, en veillant à respecter les besoins et les aspirations des populations locales et à ne pas perturber leur mode de vie. Il est recommandé de privilégier les projets qui répondent à des besoins réels et qui sont portés par les populations locales, en évitant de créer de la dépendance.

Il convient donc de bien s'informer et de choisir avec soin son organisme de voyage avant de partir, afin de s'assurer que le projet proposé respecte les critères de responsabilité et d'équité.

Cependant, il convient de souligner que le volontourisme peut également avoir des impacts négatifs, notamment en termes de dépendance et de paternalisme.

Il est également important de veiller à ce que les volontours soient formés et encadrés de manière adéquate, afin de garantir la qualité des services proposés. L'accompagnement devrait être assez long pour être efficace. Les projets à long terme permettent de s'assurer que les projets sont adaptés aux besoins réels de la communauté et que les bénéfices sont partagés équitablement. Une présence durable sur les lieux permet de construire une relation de confiance avec les communautés locales et de suivre les résultats sur une plus longue période. Les projets à long terme favorisent également une meilleure utilisation des fonds et des ressources, une évaluation des résultats et une amélioration continue.

Il est également important de souligner que le volontourisme ne doit pas être considéré comme une solution unique aux problèmes de développement, mais plutôt comme un complément à d'autres actions ou structures. En effet, le volontourisme ne peut pas, à lui seul, résoudre les problèmes de pauvreté, de santé ou de développement durable. Il est donc essentiel de s'assurer que les projets de volontourisme s'intègrent dans une stratégie de développement plus globale, qui prenne en compte les besoins et les aspirations des populations locales.

Pour répondre aux questions, cochez la bonne réponse.

1 Le nombre de volontours a augmenté : 2 points
   A ☐ D' 1,6 million
   B ☐ D'environ 6 millions
   C ☑ D'environ 4,4 millions

2 Cochez le bienfait du volontourisme : 1 point
   A ☐ Le volontouriste gagne de l'argent
   B ☑ Le volontouriste fait découvrir sa culture
   C ☐ Les populations locales peuvent se former

3 Le problème du volontourisme peut être : 1 point
   A ☐ De ne pas écouter les réels besoins des locaux
   B ☐ De vouloir adopter la mode de vie des locaux
   C ☑ Les volontouristes doivent suivre une formation

4 Ce texte s'adresse : 1,5 point
   A ☐ Aux populations locales
   B ☑ Aux futurs voyageurs
   C ☐ Aux voyagistes

5 Le volontouriste reste en général : 1 point
   A ☑ Deux semaines
   B ☐ Un mois
   C ☐ Plus de 10 ans

6 Avec les projets longs : 1,5 point
   A ☑ On connaît mieux la situation
   B ☐ On règle tous les soucis
   C ☐ On devient parfait

7 Le volontourisme doit : 1 point
   A ☐ Se focaliser sur un seul problème bien précis
   B ☐ Régler tous les problèmes locaux
   C ☑ Travailler avec d'autres organismes

veiller à

▶ **EXERCICE 3** Comprendre le point de vue d'un locuteur francophone *7 points*

Vous lisez l'opinion de ces 3 personnes sur un forum français dont le sujet est « La vraie utilité du tourisme »

Julien

Le tourisme est une source de richesse considérable pour les pays qui le développent. Il permet d'améliorer les infrastructures et de créer de nombreux emplois. C'est une activité économique très importante pour de nombreux pays en voie de développement. Nous devons cependant veiller à ne pas perturber l'équilibre de la société et de l'environnement local. Il est important de soutenir l'économie locale en achetant des produits locaux et en favorisant les hébergements locaux. Nous devons aussi être conscients de notre empreinte carbone et essayer de la minimiser.

Maude

Le tourisme peut être une source de richesse pour les pays qui le développent, mais il peut également avoir des impacts négatifs. Par exemple, le tourisme de masse peut entraîner une urbanisation, une plus grande pollution et une sur-fréquentation de certains sites touristiques, ce qui peut affecter la qualité de vie des habitants locaux et l'environnement. Il est donc important de limiter le nombre de touristes et de favoriser le tourisme équitable et responsable. Nous devons encourager les initiatives locales et soutenir les projets de développement durable afin de créer des échanges et de la solidarité sans exploiter les populations locales. Le tourisme peut être un moyen de découvrir de nouvelles cultures et de nouvelles manières de vivre, mais nous devons veiller à le faire de manière responsable.

Antoine

Je suis farouchement opposé au tourisme en général. Je pense que c'est une activité égoïste et consumériste qui ne sert qu'à satisfaire les besoins des touristes. Le tourisme a un impact négatif sur l'environnement, sur les cultures et sur les économies locales. Les habitants locaux sont souvent exploités et les bénéfices du tourisme ne leur reviennent pas. Je préfère voyager de manière autonome et respectueuse, en évitant les circuits touristiques et en soutenant les initiatives locales. Je pense que nous devons apprendre à vivre en harmonie avec les populations locales et à respecter leur mode de vie. Nous devons aussi être conscients de notre impact environnemental et essayer de le minimiser. Le tourisme doit être un moyen de partage et de découverte, pas un moyen de domination et de profit.

À quelle personne associez-vous chaque point de vue ?
Pour chaque affirmation, cochez la bonne réponse.

1 Le tourisme enrichit et développe certains pays :   2 points

A ☐ Maude
B ☑ Julien
C ☐ Antoine

2 Il faut acheter des produits fabriqués ou cultivés dans le pays que l'on visite :   1 point

A ☐ Maude
B ☑ Julien
C ☐ Antoine

3 Recevoir des touristes, c'est bien, mais pas trop :   1 point

A ☑ Maude
B ☐ Julien
C ☐ Antoine

4 Quand on va dans un pays, il faut faire attention à notre impact écologique et social :   1 point

A ☐ Maude
B ☑ Julien
C ☐ Antoine

5 Le tourisme ne profite qu'aux touristes :   1 point

A ☐ Maude
B ☐ Julien
C ☑ Antoine

6 Je suis contre le tourisme, il entraîne des problèmes   1 point

A ☐ Maude
B ☐ Julien
C ☑ Antoine

/25

Mets cette note sur le
graphique en **PAGE 3.**

Mes notes

Épreuve 7 - L'histoire

Pour répondre aux questions, cochez la bonne réponse.

❶ Depuis la Préhistoire :　　　　　　　　　　　　　　　　　1 point
　　　A ☐ On découvre des inventions
　　　B ☐ On invente des choses
　　　C ☐ On imprime des ouvrages

❷ L'invention de la roue vers 3 500 avant Jésus-Christ a facilité :　　1 point
　　　A ☐ La vie des chasseurs
　　　B ☐ La vie des navigateurs
　　　C ☐ La vie des cultivateurs

❸ Les changements apportés par l'écriture :　　　　　　　　　1 point
　　　A ☐ Ont permis de mieux transmettre l'histoire
　　　B ☐ Ont permis de créer des choses à partir des idées
　　　C ☐ Ont rapporté de l'argent aux cultures

❹ Les livres étaient synonyme :　　　　　　　　　　　　　2 points
　　　A ☐ De connaissance accessible
　　　B ☐ D'apprentissage rapide
　　　C ☐ D'éducation pour tous

❺ Internet a premièrement servi à :　　　　　　　　　　　0,5 point
　　　A ☐ Vendre en ligne
　　　B ☐ Communiquer
　　　C ☐ Partager notre quotidien

❻ Internet a changé :　　　　　　　　　　　　　　　　　2 points
　　　A ☐ La liberté d'expression
　　　B ☐ La consommation de film et de musique
　　　C ☐ Les métiers industriels

❼ Les inventions :　　　　　　　　　　　　　　　　　　1,5 point
　　　A ☐ Peuvent causer du mal
　　　B ☐ Sont toujours positives pour la société
　　　C ☐ Développent notre créativité

Vous croyez qu'enseigner l'Histoire, c'est important, vous lisez cet article.

L'IMPORTANCE D'ÉTUDIER L'HISTOIRE

Il est crucial de connaître l'histoire pour de nombreuses raisons. Tout d'abord, l'histoire nous permet de comprendre notre passé et de mieux appréhender notre présent. En apprenant comment les événements du passé ont influencé le monde d'aujourd'hui, nous pouvons mieux comprendre les raisons pour lesquelles certaines choses sont comme elles sont et comment elles ont évolué au fil du temps. Cela nous permet également de mieux comprendre les défis auxquels nous sommes confrontés aujourd'hui et de trouver des solutions pour y faire face.

De plus, l'histoire nous permet de mieux comprendre les cultures et les sociétés du passé et du présent. En apprenant comment les gens vivaient et pensaient à différentes époques, nous pouvons mieux comprendre les différences culturelles et les similitudes qui existent entre les différentes sociétés. Cela nous permet également de mieux comprendre et apprécier les cultures et les sociétés d'autres pays et de différentes époques.

En outre, être correctement informé sur l'histoire permet de mieux comprendre les leçons du passé et d'éviter de répéter les erreurs. Cela peut être particulièrement important pour éviter les conflits et les guerres, et pour trouver des moyens de résoudre les différends de manière pacifique.

Enfin, connaître l'histoire nous permet de mieux comprendre notre propre identité et de nous sentir connectés à notre passé et à notre héritage. En apprenant l'histoire de notre propre pays ou de notre propre famille, nous pouvons mieux comprendre d'où nous venons et comment nous sommes devenus ce que nous sommes aujourd'hui.

Il y a de nombreuses façons de connaître l'histoire, que ce soit en lisant des livres d'histoire, en visitant des musées et des sites historiques, en regardant des documentaires et en apprenant auprès de professeurs qualifiés.

Les jeux vidéo historiques sont une excellente façon d'apprendre l'histoire tout en s'amusant. Ils permettent aux joueurs de se plonger dans des époques différentes et de mieux comprendre les contextes historiques.

Il en existe de nombreux, couvrant des périodes allant de l'Antiquité à la Seconde Guerre mondiale. Par exemple, Assassin's Creed, un jeu populaire qui se déroule dans différentes époques historiques, comme l'Égypte antique, la Renaissance italienne et la Révolution française. Les joueurs peuvent explorer des villes historiques comme Rome, Florence et Paris, et rencontrer des personnages historiques célèbres, tels que Léonard de Vinci et Napoléon Bonaparte.

Il existe également des jeux qui se concentrent sur des événements historiques spécifiques, tels que la Seconde Guerre mondiale. Les jeux tels que Call of Duty et Medal of Honor permettent aux joueurs de revivre des batailles célèbres de la guerre, tout en apprenant des détails historiques sur les tactiques et les armes utilisées à cette époque. Il est important de se renseigner sur l'histoire de manière critique avec tous les médias possibles et de vérifier les sources pour s'assurer de la fiabilité de l'information.

Connaître l'histoire peut être passionnant et enrichissant et cela peut nous aider à mieux comprendre notre place dans le monde et à contribuer à l'avenir de manière positive. C'est pourquoi il est important de continuer à apprendre et à se renseigner sur l'histoire tout au long de notre vie.

Pour répondre aux questions, cochez la bonne réponse.

1 Connaître l'Histoire permet :
    A ☐ De ne plus être influencé
    B ☐ De mieux gérer le futur
    C ☐ De comprendre les jours à venir
                                1 point

2 Les personnes intéressées par l'Histoire :
    A ☐ Sont ouvertes d'esprit
    B ☐ Voyagent souvent
    C ☐ Sont plus intelligentes
                                2 points

3 Les guerres :
    A ☐ Sont inévitables
    B ☐ Peuvent être bénéfiques
    C ☐ Sont des leçons pour le présent
                                1 point

4 L'Histoire s'apprend :
    A ☐ Avec un bon professeur à l'école
    B ☐ Avec des vidéos instructives
    C ☐ Avec des séries et des films historiques
                                1,5 point

5 Assassin's Creed permet :
    A ☐ De visiter des villes antiques
    B ☐ Jouer le rôle de personnages célèbres
    C ☐ De mieux comprendre l'origine des guerres
                                1 point

6 Call of Duty et Medal of Honor plongent les joueurs :
    A ☐ Entre 1914 et 1918
    B ☐ Entre 1939 et 1945
    C ☐ Dans un monde fictif
                                1,5 point

7 Bien apprendre l'Histoire se fait :
    A ☐ En jouant aux jeux vidéo
    B ☐ Avec plusieurs supports
    C ☐ Quand on est jeune et à l'école
                                1 point

Vous lisez l'opinion de ces 3 personnes sur un forum français dont le sujet est « La vraie utilité de l'Histoire »

Marie

Selon moi, l'Histoire n'est pas une matière utile. Elle ne sert qu'à apprendre des dates et des faits qui n'ont pas d'importance dans notre vie quotidienne. Elle ne nous prépare pas non plus aux métiers importants de l'avenir. De plus, l'Histoire est souvent présentée de manière partiale et subjective, ce qui rend difficile de se faire une opinion objective ; savoir qui croire. Je ne vois donc pas l'intérêt d'étudier l'Histoire.

Jean

Pour ma part, je trouve l'Histoire intéressante, mais elle n'a pas la même utilité que d'autres matières, comme les mathématiques ou les sciences. L'Histoire nous permet de mieux comprendre le passé et de situer les événements dans leur contexte, mais elle ne nous prépare pas directement à affronter les défis de l'avenir. Je pense donc qu'il est important de ne pas surcharger notre emploi du temps avec trop d'heures d'Histoire et de privilégier d'autres matières, plus utiles pour notre future carrière professionnelle.

Sophie

Pour moi, l'Histoire est une matière très importante qui nous permet de mieux comprendre le monde dans lequel nous vivons et de mieux appréhender les enjeux actuels. Elle nous donne une meilleure compréhension des événements passés et nous permet de mettre en perspective les changements à long terme. L'Histoire nous enseigne aussi à être critiques et à remettre en question les idées reçues, en nous invitant à examiner différentes versions des faits et à regarder les choses sous plusieurs angles. De plus, elle nous montre comment les sociétés et les individus ont évolué au fil du temps et comment ils ont été influencés par des facteurs culturels, économiques, politiques, etc. En somme, je pense que l'Histoire est une matière très enrichissante et utile à étudier.

À quelle personne associez-vous chaque point de vue ?
Pour chaque affirmation, cochez la bonne réponse.

1 Il faudrait donner moins d'heures d'histoire :　　　　　　　　　　　1 point
- A ☐ Marie
- B ☐ Jean
- C ☐ Sophie

2 Ceux qui racontent l'histoire donnent leur avis et ne disent pas tout :
- A ☐ Marie　　　　　　　　　　　　　　　　　　　　　　　0,5 point
- B ☑ Jean
- C ☐ Sophie

3 L'histoire n'est pas aussi pertinente que d'autres matières ?
- A ☐ Marie　　　　　　　　　　　　　　　　　　　　　　　1 point
- B ☐ Jean
- C ☐ Sophie

4 En connaissant l'histoire, on voit comment les hommes ont progressé :
- A ☐ Marie　　　　　　　　　　　　　　　　　　　　　　　1,5 point
- B ☐ Jean
- C ☑ Sophie

5 Grâce à l'histoire, on réfléchit mieux :
- A ☐ Marie　　　　　　　　　　　　　　　　　　　　　　　2 points
- B ☐ Jean
- C ☐ Sophie

6 L'histoire est inutile :
- A ☑ Marie　　　　　　　　　　　　　　　　　　　　　　　1 point
- B ☐ Jean
- C ☐ Sophie

 /25
Mets cette note sur le graphique en **PAGE 3.**

Mes notes

Épreuve 8 - La santé

L'HISTOIRE

Une heure maximum !

ÉPREUVE 8
LA SANTÉ

Une heure maximum !

▶ **EXERCICE 1** Comprendre un texte informatif ou argumentatif   *9 points*

Dans une revue de santé, vous lisez un article sur la dépression.

QU'EST-CE QUE LA DÉPRESSION ?

La dépression est un trouble mental grave qui peut avoir des effets durables sur la vie d'une personne. Elle se caractérise par des sentiments de tristesse, de perte de plaisir, de culpabilité et de manque de confiance en soi, qui peuvent interférer significativement avec les activités quotidiennes. La dépression peut être légère, modérée ou sévère et peut également entraîner des troubles du sommeil, de l'appétit, de l'énergie et de la concentration.

Il existe plusieurs causes possibles de dépression, y compris les facteurs génétiques, les expériences de vie stressantes, les changements hormonaux et les problèmes de santé physique. Elle peut être déclenchée par la perte d'un emploi ou la rupture d'une relation, ou bien elle peut aussi survenir sans raison apparente. Il est important de comprendre que la dépression n'est pas un signe de faiblesse ou de caractère défectueux, mais plutôt une maladie qui peut être traitée.

Il existe plusieurs traitements efficaces contre la dépression, y compris la thérapie, les médicaments et les changements de mode de vie. La thérapie cognitivo-comportementale ou interpersonnelle peut aider les personnes à comprendre et à gérer leurs pensées et leurs émotions. Les médicaments, comme les antidépresseurs, peuvent aider à rééquilibrer les niveaux de certaines substances chimiques dans le cerveau qui affectent l'humeur. Les changements de mode de vie, comme l'exercice régulier, une alimentation saine et l'élimination du stress inutile, peuvent également aider à soigner la dépression.

Il est important de parler de ses sentiments à un ami ou à un membre de la famille et ensuite de consulter un professionnel de la santé mentale si vous pensez être déprimé. Ne pas traiter la dépression peut avoir des conséquences graves, y compris le suicide.

Selon l'Organisation mondiale de la Santé, la dépression est la principale cause d'incapacité dans le monde et elle est à l'origine de plus de 800 000 suicides chaque année.

En France, il est estimé qu'environ 4 millions de personnes souffrent de dépression, soit environ 6 % de la population totale. La dépression est plus fréquente chez les femmes que chez les hommes, avec une proportion de femmes atteintes de dépression deux fois plus élevée que celle des hommes. Les personnes âgées sont également plus à risque de développer une dépression qui peut leur causer d'autres problèmes, comme des troubles anxieux, des troubles alimentaires, des maladies cardiaques ou des troubles bipolaires.

Il est également important de se rappeler que beaucoup de gens qui ont souffert de dépression ont réussi à se rétablir grâce à des traitements adéquats et à un soutien approprié.

La dépression ne concerne pas seulement les adultes. Les enfants et les adolescents peuvent également souffrir de dépression et il est important de reconnaître les signes et de chercher de l'aide si nécessaire. Les signes de dépression chez les enfants et les adolescents peuvent inclure des changements de l'humeur, de l'appétit et du sommeil, une baisse de l'énergie et un désintérêt pour ses activités habituelles, une baisse de la confiance en soi et des difficultés à se concentrer.

Pour répondre aux questions, cochez la bonne réponse.

1 La dépression :   1 point

    A ☐ Comporte plusieurs degrés

    B ☑ Peut durer pendant toute une vie

    C ☐ Donne souvent envie de dormir

2 La dépression crée :   1 point

    A ☑ Du stress

    B ☑ Des insomnies

    C ☐ Une maladie

3 En France, qui a le plus de risques d'être déprimé ?   2 points

    A ☑ Marine 24 ans

    B ☐ John 72 ans

    C ☐ Josette 69 ans

4 Une des prévention à cette maladie serait de :   0,5 point

    A ☑ Vivre sainement

    B ☑ Suivre deux thérapies

    C ☐ Prendre des antidépresseurs

5 Quand on croit avoir une dépression, il faut dabord :   2 points

    A ☐ Parler à un psy

    B ☐ Éviter le suicide

    C ☑ Parler à un ami ou de la famille

6 Quel adolescent a des signes de dépression selon vous :   1,5 point

    A ☐ Marc, 15 ans, il n'aime plus le foot, c'était sa passion

    B ☑ Marion, 24 ans, elle change d'humeur, ne mange plus et dort mal

    C ☐ Martin, 14 ans, n'a jamais su se concentrer et n'a jamais eu confiance en lui

7 Cet article :   1 point

    A ☐ Dénonce un problème

    B ☑ Fait de la prévention pour un problème

    C ☐ Alarme sur un problème

(3,5)

L'OBÉSITÉ CHEZ LES ENFANTS

L'obésité chez les enfants est un problème de santé publique croissant dans de nombreux pays à travers le monde. L'obésité est définie comme une accumulation anormale ou excessive de graisse qui peut nuire à la santé. Selon l'Organisation mondiale de la Santé, l'obésité est définie comme une masse corporelle supérieure à la normale pour l'âge et la taille d'un enfant. Elle peut être mesurée à l'aide de l'indice de masse corporelle (IMC), qui est calculé en divisant le poids d'un enfant par sa taille au carré.

Il y a plusieurs causes possibles de l'obésité chez les enfants, y compris une alimentation déséquilibrée, une faible activité physique, un manque de sommeil et des facteurs génétiques. L'obésité peut également être liée à des facteurs environnementaux, tels que l'accès limité à des aliments sains et une faible disponibilité de lieux de loisirs pour l'exercice.

L'obésité chez les enfants peut avoir de nombreuses conséquences sur la santé à court et à long terme. Elle peut entraîner des problèmes de santé tels que le diabète de type 2, l'hypertension artérielle, l'hypercholestérolémie et les maladies cardiaques. Elle peut également augmenter le risque de certains cancers, tels que le cancer du sein et du côlon. L'obésité peut également affecter le bien-être psychologique des enfants, en entraînant une baisse de l'estime de soi et une augmentation du stress et de l'anxiété. Il y a plusieurs solutions pour prévenir et traiter l'obésité chez les enfants.

Premièrement, il est important de promouvoir une alimentation saine et équilibrée et de favoriser l'activité physique. Cela peut inclure l'encouragement à manger de nombreux fruits et légumes, à limiter les aliments transformés et à faire au moins une heure d'exercice physique chaque jour.

Deuxièmement, il peut être utile de mettre en place des programmes de soutien pour aider les familles à adopter de saines habitudes de vie. Ces programmes peuvent inclure des ateliers de nutrition et de mise en forme, ainsi que des conseils sur l'importance de l'exercice et de l'alimentation saine.

Troisièmement, il peut être utile de mettre en place des politiques et des programmes visant à améliorer l'environnement pour la santé des enfants. Le maire peut inclure l'amélioration de l'accès à des aliments sains dans les écoles et dans sa ville, ainsi que la création de lieux de loisirs pour l'exercice physique.

En résumé, l'obésité chez les enfants est un problème de santé publique croissant qui peut avoir de graves conséquences sur la santé à court et à long terme. Il existe plusieurs solutions pour prévenir et traiter l'obésité chez les enfants, y compris la promotion d'une alimentation saine et d'une activité physique, la mise en place de programmes de soutien pour les familles et l'amélioration de l'environnement pour la santé des enfants.

Pour répondre aux questions, cochez la bonne réponse.

1 L'obésité chez les enfants :   1 point
   A ☐ Est en baisse
   B ☐ Ne concerne que quelques pays
   C ☑ Est un excès de gras qui s'accumule

2 Ce qui cause cette maladie, c'est :   1,5 point
   A ☐ Les aliments équilibrés
   B ☑ Le manque de sport ou de marche
   C ☐ Les loisirs des jeunes

3 La solution pour une ville serait :   1 point
   A ☐ D'éduquer les enfants à mieux manger
   B ☐ Supprimer les fast-foods
   C ☑ Construire des endroits où faire de l'exercice physique

4 Les conséquences de l'obésité chez l'enfant peuvent être :   1,5 point
   A ☑ Des maladies du cœur
   B ☑ Un certain type de cancer
   C ☐ La dépression

5 Quel aliment est recommandé aux jeunes obèses ?   1 point
   A ☑ La pomme
   B ☐ La saucisse
   C ☐ La confiture

6 Qui a pour rôle de mettre en place ces solutions ?   1 point
   A ☑ La municipalité
   B ☐ Les parents
   C ☐ Les restaurateurs

7 Le ton de ce texte est :   2 points
   A ☑ Informatif
   B ☐ Alarmant
   C ☐ Enthousiaste

Vous lisez l'opinion de ces trois personnes sur un forum français dont le sujet est « Le vaccin »

Marie

Je suis très favorable au vaccin. Je pense qu'il est important de se faire vacciner pour protéger ma santé et celle des autres. Par exemple, grâce aux vaccinations, certaines maladies comme la polio ou la rougeole ont pratiquement disparues. Le vaccin permet également de lutter contre l'émergence de nouvelles épidémies et de prévenir des épidémies graves, comme celle de la grippe espagnole il y a 100 ans. En somme, je pense que le vaccin est une arme indispensable pour lutter contre les maladies et protéger la santé de tous.

David

Je suis assez mitigé sur la question du vaccin. D'un côté, je comprends que cela peut être très utile pour protéger la santé de tous, mais de l'autre côté, je crains les effets secondaires. Par exemple, on a tous entendu parler de personnes qui ont été gravement malades à la suite d'un vaccin. Cela peut être très frustrant et faire perdre confiance en la vaccination. Je pense donc qu'il est important de bien se renseigner et de peser le pour et le contre avant de se faire vacciner.

Sophie

Pour moi, le vaccin est un choix personnel qui dépend de chaque individu. Chacun doit évaluer ses propres risques et faire un choix en connaissance de cause. Par exemple, pour une personne âgée ou ayant un système immunitaire affaibli, le vaccin peut être très utile pour protéger sa santé. En revanche, pour une personne jeune et en bonne santé, les risques de complications suite au vaccin sont peut-être plus faibles. Je pense donc qu'il est important de respecter le choix de chacun et de ne pas juger ceux qui décident de ne pas se faire vacciner.

À quelle personne associez-vous chaque point de vue ?
Pour chaque affirmation, cochez la bonne réponse.

1 Les 18-25 ans courent moins de danger après un vaccin :   1 point
  A ☐ Marie
  B ☐ David
  C ☑ Sophie

2 Les conséquences du vaccin me font peur :   1 point
  A ☐ Marie
  B ☑ David
  C ☐ Sophie

3 On doit penser aux risques et aux bénéfices avant de se décider à se faire vacciner :   0,5 point
  A ☐ Marie
  B ☐ David
  C ☑ Sophie

4 Il faut se vacciner pour se protéger mais aussi pour son entourage :   1 point
  A ☑ Marie
  B ☐ David
  C ☐ Sophie

5 Les vaccins ont prouvé leur utilité :   1,5 point
  A ☑ Marie
  B ☐ David
  C ☐ Sophie

6 Avant de se faire vacciner, on doit contrôler les dangers éventuels :   2 points
  A ☑ Marie
  B ☐ David
  C ☐ Sophie

13,5**/25**

Mets cette note sur le
graphique en **PAGE 3.**

Mes notes

Épreuve 9 - Inégalités hommes-femmes

ÉPREUVE 9

INÉGALITÉS HOMMES/FEMMES

Une heure maximum !

▶ **EXERCICE 1** Comprendre un texte informatif ou argumentatif   *9 points*

Dans une revue francophone, vous lisez un article sur les inégalités.

LES ENJEUX DE L'ÉGALITÉ ENTRE LES HOMMES ET LES FEMMES

L'égalité entre les hommes et les femmes est un enjeu de longue date qui concerne toutes les sociétés et qui a des répercussions sur le bien-être de tous. Malgré les progrès réalisés ces dernières années pour promouvoir l'égalité entre les sexes, il reste encore beaucoup de travail à faire pour atteindre l'égalité réelle entre les hommes et les femmes.

Il y a plusieurs raisons pour lesquelles l'égalité entre les hommes et les femmes est importante pour le bien-être de tous. Tout d'abord, l'égalité entre les sexes est un droit fondamental pour tous les individus, indépendamment de leur genre. Chaque personne a le droit de vivre sa vie de manière épanouie et de réaliser son plein potentiel, quel que soit son genre. Lorsque les hommes et les femmes ne sont pas traités de manière égale, cela peut entraîner des discriminations et des inégalités qui limitent les opportunités et le bien-être des individus.

Il a été démontré que les sociétés qui ont des niveaux plus élevés d'égalité entre les sexes ont des taux plus bas de violence et de pauvreté, ainsi qu'une économie plus forte et plus stable. Les femmes ont également tendance à s'investir davantage dans leur famille et leur communauté lorsqu'elles ont accès aux mêmes opportunités.

Il est important de noter que l'égalité des sexes est également bénéfique pour les hommes, car cela leur permet de s'épanouir et de réaliser leur plein potentiel, sans être limités par des stéréotypes de genre.

L'égalité entre les sexes est importante pour l'économie et la société dans son ensemble. Lorsque les femmes sont sous-représentées ou sous-payées sur le marché du travail, cela peut avoir un impact négatif sur l'économie d'un pays. Selon l'Organisation de coopération et de développement économiques (OCDE), l'égalité entre les sexes au travail peut conduire à une croissance économique plus forte et à un développement plus durable. De même, lorsque les femmes sont pleinement intégrées dans la société et ont accès aux mêmes opportunités que les hommes, cela peut renforcer la cohésion sociale et améliorer la qualité de vie pour tous.

Selon une étude de l'Organisation mondiale de la Santé (OMS), l'égalité des sexes est cruciale pour améliorer la santé des individus et des familles d'un pays. Les statistiques montrent que lorsque les femmes ont accès à des soins de santé de qualité, des services de planification familiale et des moyens de prévention des maladies sexuellement transmissibles, cela a un impact significatif sur la santé globale d'un pays. De plus, des experts en relations familiales affirment que lorsque les hommes et les femmes sont traités de manière égale au sein de la famille, cela renforce les relations et améliore le bien-être de tous les membres.

Il est important de sensibiliser à l'importance de l'égalité entre les sexes et de promouvoir un changement de mentalité pour éliminer les stéréotypes de genre dès le plus jeune âge. Cela peut être fait à travers l'éducation, les médias et les programmes de sensibilisation au niveau communautaire. Il est aussi essentiel de mettre en place des politiques et des lois qui garantissent l'égalité entre les sexes et qui protègent contre la discrimination. Cela peut inclure des lois sur l'égalité des salaires, sur l'accès à l'éducation et sur la représentation des femmes dans les postes de décision.

Il faut soutenir les initiatives locales et les groupes qui travaillent pour promouvoir l'égalité entre les sexes. Cela peut inclure le soutien financier à des organisations de femmes, la mise en place de programmes de mentorat pour les femmes et le soutien à la création d'entreprises par les femmes. Enfin, il est important de s'assurer que les nécessités des femmes soient entendues à tous les niveaux de la société, y compris dans les processus de décision politique.

1 Depuis longtemps :   1 point

    A ☐ Les inégalités H/F ne crée un mal-être que chez les femmes

    B ☑ Les campagnes de prise de conscience des inégalités H/F augmentent

    C ☐ On a atteint l'égalité H/F

2 L'égalité H/F est primordiale :   1 point

    A ☐ Pour que les femmes vivent mieux

    B ☑ Parce que c'est un droit important

    C ☐ Pour limiter les chances de réussite des hommes.

3 Une société ayant moins d'inégalités de genre :   2 points

    A ☐ Est moins brutale

    B ☐ Est moins riche

    C ☐ Est moins dominée par les hommes

4 L'OCDE affirme que l'absence d'inégalités :   0,5 point

    A ☐ Est positive pour le développement durable

    B ☑ Peut créer une meilleure entente entre citoyens

    C ☐ Ne bonifie que la vie des femmes

5 Pour améliorer la santé d'un pays, il faut :   2 points

    A ☐ Soigner les femmes en priorité

    B ☐ Garantir d'excellents soins pour les femmes

    C ☐ Des familles sans inégalités H/F

6 Qui a le pouvoir de vraiment réduire les inégalités H/F : 1,5 point

    A ☐ Le gouvernement

    B ☐ Les patrons d'entreprises

    C ☐ Les enfants

7 La solution serait :   1 point

    A ☐ L'inclusion de femmes en politique

    B ☐ Soutenir les femmes financièrement

    C ☐ L'écoute des besoins des femmes

L'HISTOIRE DES FEMMES EN FRANCE

L'histoire des femmes en France est riche et complexe, et a connu de nombreux changements au fil du temps. Depuis l'Antiquité jusqu'à aujourd'hui, la place et le rôle des femmes en France ont évolué de manière significative.

Au cours de l'Antiquité, les femmes en France étaient principalement des épouses et des mères. Elles n'avaient pas accès à l'éducation et étaient souvent confinées aux tâches domestiques. Elles n'avaient pas le droit de vote et n'étaient pas autorisées à participer pleinement à la vie politique. Cependant, certaines femmes ont réussi à dépasser ces limitations et ont joué un rôle important dans la société, comme les reines Cléopâtre et Clotilde.

Au Moyen Âge, la situation des femmes en France a peu changé. Elles étaient toujours principalement des épouses et des mères et n'avaient toujours pas accès à l'éducation. Cependant, certaines femmes ont réussi à devenir des érudites et des artistes de renom, comme Hildegarde de Bingen et Christine de Pizan.

Au cours des siècles suivants, la situation des femmes en France a commencé à évoluer lentement. Au XIXe siècle, les femmes ont obtenu le droit de vote et ont commencé à s'engager dans la vie politique. Au XXe siècle, les femmes ont obtenu de nombreux droits supplémentaires, comme le droit de travailler et de bénéficier d'une éducation. Aujourd'hui, les femmes en France jouissent de nombreuses libertés et ont accès à de nombreuses opportunités. Cependant, il reste encore des inégalités homme-femme dans certains domaines, comme l'écart de salaire et la représentation des femmes dans les postes de décision.

Il existe plusieurs pays qui ont des politiques et des programmes en place pour promouvoir l'égalité des sexes et l'autonomisation des femmes. Certains de ces pays pourraient servir d'exemple pour la France en matière d'égalités homme-femme.

La Suède a mis des politiques en place pour promouvoir l'égalité des sexes dans tous les domaines, notamment dans le domaine de l'emploi, où les femmes ont des taux d'emploi élevés et sont bien représentées dans les postes de direction. La Norvège dispose de politiques pour promouvoir l'égalité des sexes, notamment en matière de congés de maternité et de paternité égaux, ainsi qu'en matière de représentation des femmes dans les postes de direction.

Le Danemark promeut l'égalité des sexes dans tous les domaines, notamment dans le domaine de l'éducation, où les filles et les garçons ont des taux de réussite égaux. Le Canada est considéré comme un leader en matière d'égalité des sexes et d'autonomisation des femmes, notamment en matière de représentation des femmes dans les postes de direction et de législation en matière de harcèlement et d'agression sexuelle.

Cependant, il est important de noter que ces pays ont également des inégalités et des défis à relever. Il est important de s'inspirer des réussites des autres pays tout en s'adaptant aux réalités de son propre pays.

Pour répondre aux questions, cochez la bonne réponse.

1 Les Françaises :   1 point
- A ☐ Ont une histoire compliquée
- B ☑ Ont une richesse qui a évolué
- C ☐ Ont de plus en plus de régression

2 Pendant l'Antiquité, les femmes en France :   1,5 point
- A ☐ Allaient peu à l'école
- B ☐ Étaient exceptionnelles comme la reine égyptienne
- C ☑ En majorité se mariaient et faisaient des enfants

3 Au Moyen Âge, la situation des femmes :   1 point
- A ☐ A évolué lentement
- B ☑ A principalement stagné
- C ☐ S'est en partie dégradée

4 Au XIXe siècle, les femmes :   1 point
- A ☐ Travaillaient
- B ☐ Votaient
- C ☐ Allaient à l'école

5 Aujourd'hui, le problème des femmes concerne :   2 points
- A ☐ La violence conjugale
- B ☑ Les postes importants
- C ☐ Les décisions entreprises

6 Quel pays donne le même nombre de jours de repos en cas de naissance :
                                                                       1 point
- A ☐ La Suède
- B ☑ La Norvège
- C ☐ Le Danemark

7 Quel pays permet aux femmes de gérer les crimes sexistes :   1,5 point
- A ☐ La Norvège
- B ☐ Le Danemark
- C ☑ Le Canada

8

► **EXERCICE 3** Comprendre le point de vue d'un locuteur francophone *7 points*

Vous lisez l'opinion de ces trois personnes sur un forum français dont le sujet est « La place de la femme »

Marie

Je suis profondément choquée par les inégalités homme-femme qui persistent dans notre société. Malgré les progrès réalisés ces dernières décennies, les femmes sont toujours confrontées à des discriminations au travail, à la maison et dans la vie quotidienne. Les femmes sont souvent sous-payées et sous-représentées dans les postes à responsabilité et les décisions importantes. De plus, les stéréotypes de genre sont encore très présents et limitent les possibilités des femmes. Cette situation est inacceptable et nous devons tous nous mobiliser pour commencer à lutter contre ces inégalités.

Julien

Je suis d'accord avec le fait qu'il y ait encore des inégalités entre hommes et femmes, mais je pense que cela s'améliore petit à petit. Les lois et les politiques publiques ont permis de faire avancer les choses et de promouvoir l'égalité. De plus, les mentalités évoluent et de plus en plus de personnes sont conscientes de l'importance de l'égalité entre les sexes. Cela prend du temps, mais nous sommes sur la bonne voie.

Sophie

Je suis sceptique quant à l'idée que les inégalités homme-femme s'améliorent. On peut, certes, constater des avancées sur certains aspects, mais les femmes continuent de faire face à de nombreuses discriminations et à des obstacles qui leur sont spécifiques. Par exemple, les femmes sont souvent confrontées à des violences sexistes et sexuelles, à la charge mentale et au harcèlement au travail. De plus, les femmes sont souvent sous-représentées dans les postes de décision et de pouvoir, et elles sont souvent moins payées que les hommes pour le même travail. En outre, les stéréotypes de genre et les normes sociales qui imposent aux femmes des rôles et des comportements attendus continuent de les enfermer dans des cases et de limiter leur potentiel. Il est donc essentiel de continuer à lutter contre les inégalités homme-femme et de faire en sorte que les femmes aient les mêmes droits et les mêmes opportunités que les hommes.

À quelle personne associez-vous chaque point de vue ?
Pour chaque affirmation, cochez la bonne réponse.

1 Les efforts fournis n'ont pas changé grand-chose :   1,5 point

A ☑ Marie
B ☐ Julien
C ☐ Sophie

2 Il faut amorcer une lutte contre les inégalités :   2 points

A ☑ Marie
B ☐ Julien
C ☐ Sophie

3 Si on continue les efforts dans le temps, les inégalités vont diminuer :   1 point

A ☐ Marie
B ☑ Julien
C ☐ Sophie

4 Les gens pensent de mieux en mieux :   1 point

A ☐ Marie
B ☑ Julien
C ☐ Sophie

5 La fonction des femmes est souvent imposée :   0,5 point

A ☐ Marie
B ☐ Julien
C ☑ Sophie

6 On ne doit pas arrêter de se battre pour l'égalité homme-femme :   1 point

A ☐ Marie
B ☐ Julien
C ☑ Sophie

/25

Mets cette note sur le
graphique en **PAGE 3.**

Mes notes

Épreuve 10 - Le numérique

ÉPREUVE 10
LE NUMÉRIQUE

Une heure maximum !

2 Compréhension des écrits

▶ **EXERCICE 1** Comprendre un texte informatif ou argumentatif   *9 points*

Dans une revue de santé, vous lisez un article sur le e-commerce.

LE COMMERCE EN LIGNE

Le E-commerce, ou le commerce en ligne, est de plus en plus populaire ces dernières années. Grâce aux progrès de la technologie, il est maintenant possible d'acheter presque tout ce que l'on veut en ligne, sans même avoir à quitter le confort de son foyer. Cependant, cette popularité croissante du E-commerce soulève également des préoccupations quant à son impact sur les petites entreprises.

D'un côté, le E-commerce est un moyen de rendre les achats plus pratiques pour les consommateurs. Il leur permet de comparer facilement les prix, de lire les avis des autres clients et de trouver des produits qui ne sont peut-être pas disponibles dans leur région. Le E-commerce peut également être une source importante de revenus pour les entreprises, en leur permettant de toucher un public plus large et de concurrencer les grandes entreprises sur un pied d'égalité.

Cependant, il y a également des arguments pour dire que le E-commerce est une menace pour les petites entreprises. Les coûts de mise en place et de gestion d'un site de E-commerce peuvent être élevés et peuvent être difficiles à supporter pour les petites entreprises, qui ont déjà du mal à rester à flot. De plus, les petites entreprises peuvent avoir du mal à se faire remarquer parmi la multitude de sites de E-commerce qui existent déjà, ce qui peut rendre difficile pour elles de concurrencer les grandes entreprises qui ont déjà une présence en ligne bien établie.

En fin de compte, le E-commerce peut être à la fois un avantage et un inconvénient pour les petites entreprises. Cependant, il est important de reconnaître que le E-commerce n'est pas la seule source de défi pour les petites entreprises. Les grandes chaînes de magasins et les grandes entreprises en général ont toujours eu un avantage sur les petites entreprises en termes de moyens financiers et de visibilité. Le E-commerce n'est qu'une nouvelle source de concurrence, et il est important de trouver des moyens de s'adapter et d'innover malgré cela. L'avenir des commerces de proximité est incertain, car il dépendra de nombreux facteurs, tels que les tendances économiques, les changements technologiques et les politiques mises en place. Cependant, il y a quelques tendances générales qui pourraient affecter ces commerces à l'avenir, comme l'essor du commerce en ligne, qui va probablement se poursuivre dans l'avenir.

Toutefois, l'augmentation de la demande pour les produits locaux et durables est une tendance qui pourrait être particulièrement bénéfique pour les commerces de proximité. Selon une enquête de l'IFOP pour l'agence de développement économique Business France, près de 80 % des consommateurs français déclarent acheter des produits locaux quand ils en ont l'occasion.

depuis

Pour répondre aux questions, cochez la bonne réponse.

❶ Le E-commerce :   1 point

    A ☑ Permet de tout acheter depuis son canapé

    B ☐ Est de plus en plus présent dans nos habitudes de consommation

    C ☐ Est populaire chez les petites entreprises

❷ L'avantage du E-commerce, c'est :   1 point

    A ☐ La consultation des opinions des clients

    B ☑ La comparaison de prix entre différents centres commerciaux

    C ☐ Les clients qui reviennent souvent acheter

❸ Les petites entreprises :   1 point

    A ☐ Vendent leurs produits trop chers comparé aux E-commerces

    B ☐ Peinent à assumer financièrement la maintenance d'un site web

    C ☑ Sont des concurrents sérieux pour les grandes entreprises

❹ Pour être visible en ligne, on doit :   2 points

    A ☐ Investir dans de nouveaux produits

    B ☐ Tenter de nouvelles choses

    C ☑ Imiter les grandes entreprises

❺ À l'avenir, le concept du E-commerce :   0,5 point

    A ☑ Augmentera

    B ☐ Stagnera

    C ☐ Diminuera

❻ Les commerces de proximité sont :   2 points

    A ☑ Menacés par le E-commerce

    B ☐ Pérennes pour les années à venir

    C ☐ Indispensables pour les consommateurs

❼ Qui peut aider les commerces de proximité ?   1,5 point

    A ☑ Les consommateurs de la ville

    B ☐ Les consommateurs du pays

    C ☐ Les consommateurs d'Internet

3.8

(5)

Vous voulez des informations sur les réseaux sociaux, vous lisez cet article.

LES RÉSEAUX SOCIAUX, BIENFAITS ET MÉFAITS

Les réseaux sociaux sont devenus un élément indissociable de notre vie moderne, nous permettant de rester en contact avec nos amis et notre famille, de partager notre vie et nos idées et de suivre l'actualité. Cependant, ils ont également été critiqués pour leur rôle dans la diffusion de la haine et de la désinformation.

D'un côté, les réseaux sociaux peuvent être une plateforme de liberté d'expression, offrant aux individus la possibilité de s'exprimer librement et de partager leurs opinions sans crainte de représailles. Ils peuvent également être un moyen de promouvoir la tolérance et de favoriser le dialogue entre personnes de différents horizons. Les réseaux sociaux ont été utilisés avec succès pour mettre en lumière des injustices et pour soutenir des causes importantes, en permettant à un large public de s'engager et de faire pression sur les gouvernements et les entreprises.

Cependant, il est indéniable que les réseaux sociaux ont également contribué à la diffusion de la haine et de la désinformation. Les trolls et les bots peuvent utiliser ces plateformes pour propager de fausses informations et pour attiser les tensions entre les groupes de personnes. Les réseaux sociaux peuvent également contribuer à la polarisation en permettant aux individus de s'entourer de personnes qui partagent les mêmes opinions, ce qui peut réduire la possibilité de discussions constructives et de compromis.

Il est important de reconnaître que les réseaux sociaux ont le potentiel de faire du bien, mais qu'ils doivent être utilisés de manière responsable. Ils doivent promouvoir le dialogue et la compréhension mutuelle. Cela peut inclure des politiques de modération strictes, la sensibilisation aux fausses informations et la promotion de la diversité et de l'inclusion. Il est également important de se rappeler que les réseaux sociaux ne sont qu'une partie de notre vie et qu'il est important de ne pas y passer tout notre temps. Nous devons trouver un équilibre entre l'utilisation des réseaux sociaux et d'autres activités qui nous tiennent à cœur, comme passer du temps en famille et entre amis, pratiquer un sport ou une activité artistique, ou simplement prendre du temps pour nous détendre et nous ressourcer.

En fin de compte, les réseaux sociaux peuvent être une plateforme de liberté d'expression ou un terrain de diffusion de la haine selon la manière dont nous les utilisons. Si nous sommes responsables de notre comportement en ligne et que nous veillons à promouvoir le dialogue et la compréhension mutuelle, nous pouvons utiliser ces plateformes pour faire du bien et pour créer un monde meilleur pour tous.

Pour répondre aux questions, cochez la bonne réponse.

1 Que permettent les réseaux sociaux :   1 point
   A ☑ Discuter avec nos proches
   B ☐ Partager la vie de sa famille
   C ☐ S'informer de façon fiable

2 S'exprimer sur les réseaux sociaux, c'est :   2 points
   A ☐ Dangereux
   B ☐ Sans risques
   C ☑ Surveillé

3 Avec les réseaux sociaux, certaines informations :   1 point
   A ☐ Deviennent visibles
   B ☐ Dénoncent des causes
   C ☑ Profitent aux gouvernements et aux entreprises

4 Quelques communautés créées sur les réseaux sociaux :   1,5 point
   A ☐ Ouvrent l'esprit
   B ☑ Créent des débats intéressants
   C ☐ Crée des interactions sans intérêt

5 Qui peut combattre la désinformation ?   1 point
   A ☐ Les modérateurs
   B ☐ L'État
   C ☑ Les utilisateurs

6 Il est recommandé d'utiliser les réseaux sociaux :   1,5 point
   A ☐ Pour discuter en famille
   B ☐ Dès que l'on en a envie
   C ☑ Avec modération

7 Le danger des réseaux sociaux vient :   1 point
   A ☐ Des utilisateurs
   B ☑ Des fausses informations
   C ☐ Du manque de dialogue

1,5

Vous lisez l'opinion de ces trois personnes sur un forum français dont le sujet est « L'utilité du numérique »

Antoine

Selon moi, le numérique est une révolution incroyable qui a profondément transformé notre société et notre manière de vivre. Grâce aux technologies de l'information et de la communication, nous avons accès à une quantité de données et de connaissances jamais atteinte auparavant. Le numérique nous permet également de communiquer et de nous connecter avec les personnes qui nous sont chères, peu importe où nous nous trouvons. Cependant, il est important de ne pas se laisser dépasser par cette technologie et de prendre le temps de déconnecter et de préserver sa vie privée.

Léa

Je suis assez réservée quant aux avancées du numérique. Bien que cela puisse apporter des améliorations pratiques dans notre vie quotidienne, je crains que cela ne vienne perturber l'équilibre de notre société. Par exemple, la dépendance croissante aux outils numériques peut créer une certaine fracture sociale et renforcer les inégalités. De plus, le numérique a un impact environnemental considérable et il est important de se poser la question de son bien-fondé et de son utilité réelle.

Julien

Pour moi, le numérique est un outil formidable qui a le potentiel de changer le monde de manière positive. Les technologies de l'information et de la communication peuvent être utilisées pour améliorer le domaine de la santé, l'éducation, la justice et bien d'autres domaines. Le numérique peut également être un levier de démocratisation et de participation citoyenne, en permettant à chacun de s'exprimer et de s'informer. Cependant, il est important de veiller à ce que cette technologie ne soit pas monopolisée par quelques-uns et qu'elle soit accessible à tous.

À quelle personne associez-vous chaque point de vue ?
Pour chaque affirmation, cochez la bonne réponse.

1 La hausse de l'addiction peut créer des problèmes sociaux :　　　　　1 point

    A ☐ Antoine
    B ☑ Léa
    C ☐ Julien

2 C'est la première fois que nous bénéficions d'autant d'informations :

    A ☐ Antoine　　　　　　　　　　　　　　　0,5 point
    B ☑ Léa
    C ☐ Julien

3 Il faut savoir prendre de la distance avec les objets numériques :

    A ☑ Antoine　　　　　　　　　　　　　　　1 point
    B ☐ Léa
    C ☐ Julien

4 Le numérique peut aider des médecins :

    A ☐ Antoine　　　　　　　　　　　　　　　1,5 point
    B ☐ Léa
    C ☑ Julien

5 Le numérique peut être positif à l'échelle mondiale :

    A ☑ Antoine　　　　　　　　　　　　　　　2 points
    B ☐ Léa
    C ☐ Julien

6 Il faudrait se demander si le numérique est vraiment utile :

    A ☐ Antoine　　　　　　　　　　　　　　　1 point
    B ☑ Léa
    C ☐ Julien

9.5 / 25

Mets cette note sur le
graphique en **PAGE 3.**

BONUS
COMPRÉHENSION ORALE (DELF B2)

SCANNEZ POUR EN SAVOIR +

DELF B2

RÉUSSIR LA **COMPRÉHENSION ORALE**

12

ÉPREUVES
OFFICIELLES

+ CORRECTIONS
DÉTAILLÉES

FRENCHPILL

ABDOULAYE TALL

VOCABULAIRE
+ exercices

LES SUPPORTS MÉDIATIQUES
Internet
La radio
La télévision
La presse écrite
Le journal
- Hebdomadaire
- Mensuel
- Quotidien
Le magazine
Le podcast
Les réseaux sociaux

❶ : REMPLISSEZ LES TROUS

Plus personne ne lit ....,
en revanche, de plus en plus de gens écoutent
la .... en voiture ou des
.... sur Spotify.

J'aime les ...., on
peut tout commenter. Je ne regarde jamais la
...................................., sur internet, je peux
tout trouver !

LES MÉDIAS
La liberté d'expression
La liberté de la presse
La météo
La publicité
Le journal télévisé (JT)
Un article
Un débat
Un documentaire
Un flash info

Un kiosque
Une chronique
Une émission
Une interview

❷ : REMPLISSEZ LES TROUS

Dans certains pays, les journalistes ne disent
pas ce qu'ils veulent, ils n'ont pas de

....

Si les journaux ne se vendent plus, les
.... disparaîtront. Je déteste
la .... quand je regarde un film
à la télévision. Plus les ....
sont intéressants, plus il y a de lecteurs.
Avant chaque élection présidentielle, il y a
un .... entre les candidat. À
la radio, j'aime .... qui parlent
d'amour.

LES PERSONNES
Un animateur/une animatrice
Un correcteur/une correctrice
Un présentateur/une présentatrice
Un rédacteur/une rédactrice
Un(e) journaliste
Un(e) photographe
Un(e) reporter
Un auditeur/une auditrice

❸ : QUI EST-CE ?

Elle corrige les articles : ....

Il écrit des articles : ....

Il informe les gens : ....

Elle présente des émissions :.........................

Il voyage pour chercher des informations :

....

LES ACTIONS

Allumer
Censurer
Corriger
Dénoncer
Écouter
Éteindre
Écrire
Enquêter
Lire
Regarder
Suivre
Zapper

4 : REMPLISSEZ LES TROUS

Tu peux .... la télévision ? Je
ne veux pas .... cette émission. Certains journalistes sont obligés de ....
.... leurs contenus s'ils ne veulent
pas mourir. Je n'aime pas .... les
articles quand les auteurs n'ont pas
...., ça manque trop de pré-
cisions.

Vous allez écouter plusieurs documents.

Avant chaque écoute, vous entendez le son suivant.

Pour répondre aux questions, cochez ⊠ la bonne réponse.

▶ **EXERCICE 1** *9 points*

Vous allez écouter 2 fois un document.

Vous écoutez une émission à la radio.

Lisez les questions, écoutez le document puis répondez.

1 Les personnes citées au début du document sont : *1 point*

A ☐ Des présentateurs

B ☑ Des journalistes

C ☐ Des reporters de guerre

2 Les journalistes sont plus en danger : *1,5 point*

A ☐ En France

B ☐ Au Cambodge

C ☑ En Syrie

3 Les actions prises contre les journalistes ont pour but : *1,5 point*

A ☑ De réduire les journalistes au silence

B ☐ De lutter contre la censure

C ☐ D'aider les victimes

4 L'autre facteur contre la liberté de la presse dans le monde, c'est : *2 points*

A ☐ Les hommes politiques que l'on ne peut pas critiquer

B ☑ Les recettes de journaux qui ne suffisent pas pour être indépendants

C ☐ Les lois qui luttent contre la liberté de la presse

5 Que fait l'ONG Freedom House : *1 point*

A ☐ Elle défend la liberté de la presse

B ☑ Elle évalue la liberté de la presse

C ☐ Elle aide les journalistes en danger

6 Entre 2003 et 2013, le nombre de pays libres médiatiquement : *0,5 point*

A ☑ A baissé

B ☐ A évolué

C ☐ A stagné

7 Le ton de cet enregistrement est : *1,5 point*

A ☐ Enthousiaste

B ☑ Alarmant

C ☐ Neutre

► EXERCICE 2

9 points

Vous allez écouter 2 fois un document.
Vous écoutez une émission à la radio.
Lisez les questions. Écoutez le document puis répondez.

1 Le sujet de cet enregistrement est :   0,5 point
   A ☐ Le déclin de la presse écrite
   B ☐ L'évolution de la presse écrite
   C ☑ La disparition des kiosques à journaux

2 Où lit-on le plus ?   1 point
   A ☐ En France
   B ☑ Au Japon
   C ☑ En Allemagne

3 Les plus de 18 ans :   1,5 point
   A ☑ Sont 60 % à lire les quotidiens nationaux
   B ☐ Sont 40 % à lire les quotidiens nationaux
   C ☐ Sont 16 % à ne jamais lire les quotidiens nationaux

4 À Paris, les quotidiens :   1,5 point
   A ☑ Perdent tous des lecteurs
   B ☐ Perdent presque tous des lecteurs
   C ☐ Ne perdent pas de lecteurs

5 La presse écrite perd des lecteurs à cause :   1 point
   A ☐ De la télévision
   B ☑ D'internet
   C ☐ De la radio

6 Cochez la bonne réponse :   2 point
   A ☐ Le contenu des journaux inspire confiance
   B ☑ Les journaux en France sont les plus chers du monde
   C ☐ La France a plus de points de vente que l'Allemagne

7 La presse de la Manche a :   1,5 point
   A ☑ Des résultats encourageants
   B ☐ Des résultats Inquiétants
   C ☐ De meilleurs chiffres de vente que les quotidiens nationaux

▶ EXERCICE 3

Vous allez écouter 1 fois 3 documents.

DOCUMENT 1
Lisez les questions. Écoutez le document puis répondez.

1 Combien de médias sont cités au début du document ?   *1 point*
- A ☑ Trois
- B ☐ Quatre
- C ☐ Cinq

2 L'évolution technologique :   *1,5 point*
- A ☑ A rendu les médias omniprésents
- B ☐ A favorisé la diffusion de fausses informations
- C ☑ A facilité l'accès aux informations

DOCUMENT 2
Lisez les questions. Écoutez le document puis répondez.

3 Ce que Médiapart affirme :   *0,5 point*
- A ☐ C'est que tout va bien
- B ☐ C'est qu'ils ne mentent pas
- C ☑ C'est qu'ils ont besoin de journalistes courageux

4 Cet enregistrement est :   *1 point*
- A ☐ Une chronique
- B ☐ Un flash info
- C ☑ Une publicité

DOCUMENT 3
Lisez les questions. Écoutez le document puis répondez.

5 La différence entre les médias sociaux et les médias traditionnels :   *2 points*
- A ☑ C'est l'interaction et la contribution entre utilisateurs
- B ☐ C'est la valeur des informations transmises
- C ☐ Le format des informations

6 Cochez ce qui n'est pas un média social :   *1 point*
- A ☑ La radio
- B ☐ Twitter
- C ☐ Un site internet

5,5   19 /25

SCANNEZ POUR
EN SAVOIR +

TRANSCRIPTIONS

EXERCICE 1 :

Où en est la liberté de la presse dans le monde ?

Jean Cabut dit Cabu, Elsa Cayat, Stéphane Charbonnier dit Charb, Philippe Honoré, Bernard Maris, Mustapha Ourrad, Bernard Verlhac dit Tignous et Georges Wolinski. Les meurtres à Charlie Hebdo placent d'ores et déjà la France en 20ᵉ position des pays du monde où les journalistes et autres membres de la presse ont le plus de chances d'être assassinés, à égalité avec le Cambodge et juste derrière la Sierra Leone et la Syrie. Depuis 1992, 734 journalistes dans le monde sont morts comme eux, non pas parce qu'ils faisaient des reportages de guerre, mais tout simplement tués en représailles de leur travail. En moyenne, cela fait entre 2 et 3 par mois tous les mois. Le but de ces meurtres est non seulement de faire disparaître les voies dérangeantes des victimes, mais aussi de pousser des journalistes survivants à s'autocensurer pour ne pas risquer de mourir de la même façon. Mais la liberté des journalistes ne constitue que l'un des facteurs qui influencent la liberté de la presse dans le monde. L'arsenal juridique de protection de la liberté de la presse, le degré de contrôle de la sphère politique sur les médias, ou encore l'indépendance économique des journaux en sont d'autres.

Chaque année, l'ONG Freedom House combine tous ces facteurs pour donner à chaque pays du monde une note de liberté de la presse. La Hollande, la Norvège et la Suède sont premiers ex-aequo. La France est 33ᵉ sur 197. Cette note permet aussi de classer les pays en trois catégories : libres comme la France, partiellement libres comme la Tunisie, et carrément réprimés comme la Corée du Nord. Entre 2003 et 2013, le nombre de pays dans le monde disposant d'une presse considérée comme libre est passé de 78 à 63, soit le chiffre le plus bas depuis 1991. Raison de plus pour rendre hommage non seulement aux journalistes assassinés, mais aussi à ceux qui meurent en tentant de les protéger : Ahmed Merabet, Franck Brinsolaro, policier, et aux victimes collatérales de ces combats : Frédéric Boisseau, agent de maintenance, Michel Renaud, invité de la rédaction de Charlie Hebdo.

EXERCICE 2 :

Comment convaincre les Français, tout au moins une majorité, de reprendre le chemin des kiosques à journaux ? Question d'actualité, car c'était aujourd'hui, je vous le rappelle, la journée nationale de la presse écrite. La presse écrite connaît actuellement des résultats très contrastés, glorieux pour certains titres, étriqués ou franchement médiocres pour d'autres. Dernier exemple en date : la liquidation du Matin de Paris, prononcée hier après-midi. Globalement, il faut dire que les chiffres sont alarmants. Nous lisons trois fois moins que les Japonais et deux fois moins que les Anglais. Plus inquiétant encore, 60 % des plus de 18 ans ne lisent jamais un quotidien national. Enquête de Bernard Pradinaud et Patrick Redslob.

La France est au 31ᵉ rang mondial pour la lecture des quotidiens, très loin derrière le Japon ou l'Allemagne, les champions, et loin derrière des pays comme la Malaisie ou la Corée du Sud. À Paris, tous les quotidiens perdent régulièrement des lecteurs, 3% l'an dernier par exemple, sauf le Monde et le Parisien. Les quotidiens de province se portent un peu mieux. Ouest-France, 700 000 exemplaires, est le numéro un français. Mais en 40 ans, on est quand même passé de 175 à 70 titres seulement. Pourquoi ? À cause de la télé ? C'est vrai, en partie. Et le plus gros magazine français, 3 millions d'exemplaires, s'appelle Télé 7 jours. Les enfants, selon certaines enquêtes, passeraient plus de temps devant la télé qu'à l'école, et l'apprentissage de la lecture semble bien avoir été sacrifié ces dernières années. Pourtant, au Japon où la télé est omniprésente, on lit plus de quotidiens que partout ailleurs. Alors à cause des prix ? Nous avons, en effet, la presse la plus chère du monde qui n'investit pas assez pour se moderniser. À cause de la distribution peut-être ? Il y a trois fois moins de points de vente en France qu'en Allemagne, et le portage, habituel aux États-Unis, est quasiment inexistant. Enfin, la désaffection du lecteur viendrait-elle du contenu du journal ? Les enquêtes les plus récentes parlent, à propos de la presse, d'une crise de crédibilité.

André Fontaine - Cette espèce de soupçon que je

sens planer ici et là, encouragé par tel ou tel, d'ailleurs, de l'extérieur, et concernant énormément de gens, est totalement injustifié. Nous avons des gens ici qui travaillent 12 heures par jour pour vérifier leurs informations, pour creuser, pour donner la meilleure information possible. Et je trouve que l'on classe actuellement très bas, dans l'échelle de l'estime que l'on porte aux différents publics et aux différentes professions, les journalistes, juste au-dessus de la place politique, c'est-à-dire juste un peu plus de zéro, vraiment fantastiquement injuste. Tableau noir mais avec des lueurs, celles qui auréolent par exemple la Presse de la Manche, petit quotidien par le tirage qui a sorti plusieurs affaires récemment, ses lecteurs en sont fiers.

EXERCICE 3 :
DOCUMENT 1 :
Mais alors, les médias, qu'est-ce que c'est ?
Les médias ? Les médias sont les différents canaux de communication entre une personne ou des personnes et l'auditoire que cette personne vise. Télévisions, radios, journaux et internet sont différents types de médias. Les imprimés sur papier sont les médias les plus anciens. Aujourd'hui, à cause de l'évolution technologique, nous sommes exposés aux médias presque continuellement. Les médias façonnent notre perception de ce qui est vrai. Ils nous rejoignent sous forme d'affichages, de signalisations, même sur nos vêtements. Et ils nous relancent à la radio, à la télé, sur l'ordinateur et le téléphone intelligent. Et ils sont encore présents sur l'Internet, les canaux vidéo en ligne et tous les médias sociaux.
Alors, regarde autour de toi, les médias sont actifs partout et ça n'est pas prêt de s'arrêter. Informe-toi pour mieux comprendre les médias. Amuse-toi, deviens un crac des médias. Pense à une journée ordinaire de ta vie et identifie les différents médias qui y sont présents.

DOCUMENT 2 :
Nous aurions aimé vous dire que tout est fait pour sauver la planète. Nous aurions préféré vous dire que les paradis fiscaux n'existent pas. Nous aurions adoré vous dire combien les droits et les libertés sont respectés. Ça aurait été un plaisir de vous dire que tout va bien. Sauf que notre métier, c'est de vous dire la vérité. Mediapart, le courage d'enquêter, le devoir de révéler. Abonnez-vous !

DOCUMENT 3 :
Les médias sociaux sont les activités qui regroupent technologie, interaction sociale et création de contenu. En d'autres termes, il s'agit de sites internet qui permettent à leurs membres d'intégrer des réseaux d'amis ou de collègues professionnels, et de contribuer à la vie de ces réseaux via des interfaces et des outils. Les médias sociaux puisent dans l'intelligence collective pour construire une collaboration en ligne. Les interactions permettent la création de contenus web du site, commentaires, créations personnelles. Les médias sociaux les plus connus sont Twitter, Microblog, Viadeo et YouTube qui sont des vidéos partage, Flickr qui est un partage de photos, et Facebook un réseau social. Comme on le voit, les réseaux sociaux sont une sous-partie des médias sociaux. En tout cas, le succès des médias sociaux permet d'orienter une stratégie marketing en direction de ce levier qui prend de plus en plus d'importance en termes d'audience.

VOCABULAIRE

EXERCICE 1 : Plus personne ne lit le **journal**, en revanche, de plus en plus de gens écoutent la **radio** en voiture ou des **podcasts** sur Spotify. J'aime les **réseaux sociaux**, on peut tout commenter. Je ne regarde jamais la **télévision**, sur internet, je peux tout trouver !

EXERCICE 2 : Dans certains pays, les journalistes ne disent pas ce qu'ils veulent, ils n'ont pas de **liberté d'expression**. Si les journaux ne se vendent plus, **les kiosques** disparaîtront. Je déteste **la publicité** quand je regarde un film à la télévision. Plus les **articles** sont intéressants, plus il y a de lecteurs. Avant chaque élection présidentielle, il y a un **débat** entre chaque candidat. À la radio, j'aime les **chroniques/émissions** qui parlent d'amour.

EXERCICE 3 :
Elle corrige les articles : **la correctrice** - Il écrit des articles : **un rédacteur** - Il informe les gens : **le journaliste** - **Elle** présente des émissions : **l'animatrice**
Il voyage pour chercher des informations : **le reporter**

EXERCICE 4 : Tu peux **éteindre** la télévision ? Je ne veux pas **regarder** cette émission. Certains journalistes sont obligés de **censurer** leurs contenus s'ils ne veulent pas mourir. Je n'aime pas **lire** les articles quand les auteurs n'ont pas **enquêté**...

LES NOUVELLES TECHNOLOGIES

Une heure maximum !

▶ **EXERCICE 1** Comprendre un texte informatif ou argumentatif *9 points*

Dans un magazine, vous lisez un article sur les addictions technologiques.

L'ADDICTION AU SMARTPHONE

L'addiction au smartphone est devenue un problème de plus en plus courant dans notre société moderne. Selon une étude menée par l'Union européenne, 63 % des Européens sont accros à leur téléphone portable. Cette addiction peut avoir de graves conséquences sur notre santé physique et mentale, ainsi que sur nos relations sociales et notre vie professionnelle.

L'une des principales raisons pour lesquelles nous sommes addict au smartphone est que nous sommes constamment connectés et accessibles. Nous sommes constamment sollicités par des notifications, des messages et des appels, ce qui peut causer du stress et de l'anxiété. Nous sommes également de plus en plus dépendants de nos smartphones pour accomplir des tâches quotidiennes, comme naviguer, payer nos factures ou faire des achats en ligne.

L'addiction au smartphone peut avoir des conséquences néfastes sur notre santé physique. L'utilisation excessive des écrans peut causer de la fatigue oculaire, des maux de tête et des problèmes de sommeil. De plus, passer trop de temps assis peut augmenter le risque de maladies cardiaques et de diabète.

L'addiction au smartphone peut également avoir des conséquences sur notre santé mentale. Les réseaux sociaux peuvent provoquer une augmentation de la dépression et de l'anxiété en raison de la pression de la performance au niveau des appréciations des autres et de la comparaison constante avec les autres. De plus, passer trop de temps sur nos téléphones peut nous empêcher de nous détendre et de nous ressourcer, ce qui peut entraîner un épuisement mental.

L'addiction au smartphone peut également avoir un impact négatif sur nos relations sociales. Nous sommes de plus en plus enclins à ignorer notre entourage pour regarder notre téléphone, ce qui peut causer de la distance et de l'isolement. De plus, l'utilisation excessive des réseaux sociaux peut entraîner une perte de contact avec la réalité et une diminution de la qualité des interactions sociales.

Enfin, l'addiction au smartphone peut affecter notre vie professionnelle. L'utilisation excessive du téléphone au travail peut diminuer notre productivité et notre qualité de travail. De plus, être constamment connecté peut empêcher de déconnecter de notre travail et de trouver un équilibre entre vie professionnelle et vie personnelle.

Pour répondre aux questions, cochez la bonne réponse.

1 Le smartphone :   1 point

    A ☐ Crée souvent des problèmes au travail

    B ☐ A été un problème quotidien

    C ☑ Rend accro la majorité des Européens

2 Ce qui cause des problèmes dans notre quotidien, c'est :   1 point

    A ☐ La déconnexion

    B ☐ Le stress et l'anxiété

    C ☑ Les alertes

3 L'indispensabilité du smartphone se trouve dans :   1 point

    A ☐ Ses fonctions

    B ☐ Sa dépendance

    C ☑ Le besoin de répondre aux sollicitations

4 Le problème de santé physique que cause le smartphone :   2 points

    A ☐ Concerne les yeux

    B ☑ Concerne les difficultés à dormir

    C ☐ Concerne le morale

5 Ce qui rend malheureux, c'est :   0,5 point

    A ☑ Notre vie qui paraît belle

    B ☐ La comparaison de notre vie

    C ☐ La pression subie pour répondre aux sollicitations

6 L'addiction :   2 points

    A ☐ Dégrade la communication avec les autres

    B ☑ Isole notre entourage

    C ☐ Creuse la distance entre les réseaux et nous

7 Concernant le travail, l'addiction au smartphone :   1,5 point

    A ☐ Rend productif

    B ☑ Déséquilibre la vie personnelle et professionnelle

    C ☐ Permet de déconnecter du travail

Vous voulez des informations sur TIKTOK, vous lisez cet article.

TIKTOK, MAIS PAS TROP !

TikTok, une plateforme de partage de vidéos en ligne, a connu une croissance exponentielle au cours des dernières années, avec plus de 2 milliards de téléchargements dans le monde. Cependant, la plateforme a également été impliquée dans plusieurs polémiques.

Une des principales préoccupations concerne la collecte de données personnelles par TikTok. La plateforme, qui est détenue par la société chinoise Bytedance, a été accusée de collecter et de partager des données personnelles avec le gouvernement chinois.

Selon une étude de la Commission européenne, TikTok collecte environ 500 données différentes sur chaque utilisateur, y compris l'emplacement, les interactions et les préférences. En réponse à ces accusations, TikTok a affirmé que les données de ses utilisateurs étaient protégées et qu'elles n'étaient pas partagées avec le gouvernement chinois sans le consentement de l'utilisateur. Cependant, de nombreux utilisateurs restent sceptiques et exigent plus de transparence de la part de la plateforme.

Une autre polémique concerne les pratiques de modération de TikTok. Selon une enquête de la BBC, TikTok a censuré plus de 500 vidéos en 2018 en raison de leur contenu politique ou de leur orientation sexuelle. TikTok a nié ces accusations, affirmant que la modération était faite de manière équitable et basée sur les règles de la communauté. Cependant, de nombreux utilisateurs ont témoigné de la suppression de leurs vidéos sans raison apparente, ce qui a suscité des doutes quant à la transparence de la plateforme en matière de modération.

Enfin, TikTok a également été critiqué pour sa responsabilité en matière de contenu inapproprié, notamment en ce qui concerne les enfants et la sécurité en ligne. Selon une étude de l'Université de Cardiff, plus de la moitié des enfants de moins de 11 ans ont utilisé TikTok, ce qui pose des problèmes de sécurité en ligne et de protection de la vie privée. TikTok a mis en place des mesures de sécurité pour protéger les enfants, comme des restrictions d'âge et des options de contrôle parental, mais elle a également été critiquée pour ne pas faire assez pour empêcher la diffusion de contenu violent ou choquant. En outre, des cas de cyber harcèlement et de diffamation ont été signalés sur la plateforme, ce qui soulève des questions quant à la responsabilité de TikTok en matière de gestion de contenus inappropriés.

Bien que la plateforme ait répondu à certaines de ces préoccupations, elle continue de faire face à des critiques et à des demandes de transparence de la part de ses utilisateurs et de la communauté internationale.

Pour répondre aux questions, cochez la bonne réponse.

1 TikTok est une application :   1 point
    A ☐ Qui a connu une polémique
    B ☐ Qui continue de croître
    C ☑ Qui permet de partager des vidéos en ligne

2 La grande polémique de cette plateforme concerne :   2 points
    A ☐ La vie privée
    B ☑ La consommation de données
    C ☐ Les utilisateurs mineurs

3 Selon TikTok, les données des utilisateurs :   1 point
    A ☐ Peuvent être partagées avec le gouvernement chinois
    B ☑ Ne sont jamais partagées avec le gouvernement chinois
    C ☐ Sont partagées avec le gouvernement chinois

4 Ce que les tiktokeurs veulent, c'est :   1,5 point
    A ☐ Que la plateforme ne partage rien
    B ☑ De la clarté
    C ☐ Faire confiance à la plateforme.

5 La BBC affirme que les modérateurs de TikTok :   1 point
    A ☐ Cachent certaines vidéos
    B ☑ Ont supprimé 500 vidéos
    C ☐ Manquent de transparence

6 Le contenu de cette plateforme :   1,5 point
    A ☐ Est pour tous les âges
    B ☑ Est choquant pour les enfants
    C ☐ Peut être géré par les parents

7 Aujourd'hui, TikTok :   1 point
    A ☐ Est transparent avec les utilisateurs
    B ☐ Est salué par la communauté internationale
    C ☑ Est encore critiqué

Vous lisez l'opinion de ces trois personnes sur un forum français dont le sujet est « les risques de l'IA »

Jean

Je suis un grand passionné de l'intelligence artificielle (IA) et je pense que cette technologie a un énorme potentiel pour améliorer notre vie quotidienne. Par exemple, l'IA peut être utilisée pour automatiser certaines tâches fastidieuses et répétitives, ce qui nous permet de nous concentrer sur des tâches plus créatives et gratifiantes. De plus, l'IA peut être utilisée pour diagnostiquer des maladies, prédire des catastrophes naturelles ou encore pour aider à la recherche scientifique. Je pense donc que l'IA est un outil très puissant qui peut nous aider à avancer et à résoudre de nombreux problèmes.

Sophie

Je suis assez sceptique quant à l'utilité de l'IA. Je pense que cette technologie peut être très dangereuse si elle est utilisée de manière irresponsable ou si elle est utilisée pour remplacer des emplois humains. De plus, je sais que l'IA est utilisée pour contrôler ou surveiller les individus, ce qui va à l'encontre de nos valeurs de liberté et de respect de la vie privée. Je pense donc qu'il est important de réglementer strictement l'utilisation de l'IA et de veiller à ce qu'elle ne soit pas utilisée de manière abusive.

Marie

Je suis plutôt neutre quant à l'IA. Je pense que cette technologie peut être utile dans certaines situations, mais qu'il est important de rester vigilant et de ne pas trop compter sur elle. Par exemple, je trouve qu'il est important de ne pas utiliser l'IA pour remplacer des emplois humains, mais plutôt pour les compléter et les soutenir. De plus, je pense qu'il est important de veiller à ce que l'IA respecte nos valeurs et nos lois, notamment en matière de respect de la vie privée et de non-discrimination.

À quelle personne associez-vous chaque point de vue ?
Pour chaque affirmation, cochez la bonne réponse.

1 L'IA devrait respecter notre vie privée :   1 point
    A ☐ Jean
    B ☐ Sophie
    C ☑ Marie

2 Avec l'IA, on travaille sur la créativité :   0,5 point
    A ☑ Jean
    B ☐ Sophie
    C ☐ Marie

3 L'utilité de l'IA est bonne, mais on doit aussi savoir se débrouiller :   1 point
    A ☐ Jean
    B ☑ Sophie
    C ☐ Marie

4 L'IA pourrait détecter à l'avance certains des tsunamis :   1,5 point
    A ☑ Jean
    B ☐ Sophie
    C ☐ Marie

5 Je me méfie des avantages de l'IA :   2 points
    A ☐ Jean
    B ☑ Sophie
    C ☐ Marie

6 L'IA veut tout savoir de nous :   1 point
    A ☐ Jean
    B ☑ Sophie
    C ☐ Marie

14 /25

Mets cette note sur le
graphique en **PAGE 3.**

Mes notes

Épreuve 12 - L'école

ÉPREUVE 12

L'ÉCOLE

▶ **EXERCICE 1** Comprendre un texte informatif ou argumentatif   *9 points*

Dans une revue éducative, vous lisez un article sur l'école et les besoins de élèves.

NOTRE SYSTÈME EST-IL ADAPTÉ ?

L'enseignement inadapté est un problème grave qui peut affecter la réussite scolaire et le bien-être des élèves. Lorsque les enseignants ne sont pas en mesure de s'adapter à l'apprentissage de chaque élève, cela peut entraîner de la frustration et de la démotivation pour l'élève et rendre l'apprentissage moins efficace.

Il existe de nombreuses raisons pour lesquelles l'enseignement peut être inadapté. Par exemple, un enseignant peut ne pas être au courant des besoins spécifiques de l'élève, comme un trouble d'apprentissage ou un handicap. Dans de tels cas, l'enseignant doit être formé en conséquence pour permettre à l'élève de se sentir à l'aise dans la salle de classe.

Il est important que les enseignants s'efforcent de s'adapter à l'apprentissage de chaque élève afin de garantir à tous les mêmes chances de réussite. Cela peut être fait de différentes manières, en utilisant différentes approches pédagogiques, en offrant du soutien individualisé et en travaillant en collaboration avec les parents et les équipes de soutien scolaire. Un enseignant peut utiliser des exercices d'apprentissage adaptatifs qui s'ajustent en fonction des forces et des faiblesses de chaque élève ou encore, offrir des sessions de tutorat personnalisées pour aider ceux qui ont du mal à suivre le rythme de la classe.

Malheureusement, l'enseignement inadapté est un problème courant dans de nombreux systèmes scolaires. En outre, il est important de noter que l'enseignement inadapté ne concerne pas seulement les élèves ayant des besoins spéciaux ou des difficultés d'apprentissage. Même les élèves les plus performants peuvent être affectés par un enseignement inadapté s'ils ne sont pas suffisamment stimulés ou si leur progression est bloquée par un manque de défis à relever. Pour éviter cela, il est important que les enseignants mettent en place des programmes d'apprentissage individualisés qui tiennent compte des forces et des intérêts de chaque élève.

L'enseignement inadapté peut causer de nombreux problèmes pour les élèves, notamment des taux élevés d'absentéisme et de décrochage scolaire. Lorsque les étudiants ne se sentent pas compris ou soutenus dans leur processus d'apprentissage, ils peuvent perdre confiance en eux et dans leur capacité à réussir. Cela peut entraîner des niveaux élevés d'anxiété et de découragement, ce qui peut les inciter à manquer des cours ou à abandonner leurs études.

Pour répondre aux questions, cochez la bonne réponse.

1 L'enseignement adapté est synonyme : 1 point
 A ☑ De solutions
 B ☐ Gros problèmes
 C ☐ Frustration et démotivation

2 Bien enseigner pour tous, c'est : 1 point
 A ☑ Bien connaître ses élèves
 B ☐ Proposer des formations standard en classe
 C ☐ Être à l'aise avec ses élèves

3 Adapter son enseignement peut être : 1 point
 A ☑ Donner des cours particuliers
 B ☐ Demander aux parents de participer aux cours
 C ☐ Réduire le rythme de la classe

4 L'enseignement inadapté est : 2 points
 A ☐ Inexistant
 B ☑ Habituel
 C ☐ Inhabituel

5 L'enseignement inadapté peut aussi être : 0,5 point
 A ☑ Un enseignement trop facile pour l'élève
 B ☑ Un enseignement standard
 C ☐ Un enseignement trop compliqué

6 Quelle phrase résume la conséquence de l'enseignement inadapté ? 2 points
 A ☐ « J'ai besoin d'aide »
 B ☑ « J'arrête l'école »
 C ☑ « Personne ne me comprend »

7 La clé de la réussite pour un élève, c'est : 1,5 point
 A ☑ Le soutien
 B ☐ L'entourage
 C ☑ La confiance

Vous voulez des informations sur les élèves pauvres, vous lisez cet article.

RÉUSSIR À L'ÉCOLE SANS ARGENT

Les élèves provenant de familles à faible revenu peuvent être confrontés à des défis supplémentaires dans leur parcours scolaire. Selon l'UNICEF, plus de 663 millions d'enfants et d'adolescents vivent dans des conditions de pauvreté absolue, c'est-à-dire avec moins de 1,90 dollar par jour. En France, environ 10 % des enfants sont considérés comme étant en situation de pauvreté, selon l'INSEE.

La pauvreté peut avoir de nombreuses conséquences néfastes pour les élèves. Par exemple, ils peuvent avoir un accès limité à l'équipement scolaire, comme les livres, un ordinateur ou un instrument de musique, ce qui peut les empêcher de suivre les cours de manière efficace. Ils peuvent également avoir moins de temps et de soutien pour faire leurs devoirs, en raison de contraintes financières et du temps de travail de leurs parents.

La pauvreté peut aussi avoir un impact sur la santé physique et mentale des élèves, ce qui peut entraîner des absences fréquentes à l'école et de moins bonnes performances scolaires. Selon une étude réalisée par l'OCDE, les élèves en situation de pauvreté réussissent moins bien que leurs camarades, en particulier en lecture et en mathématiques.

Il est important de reconnaître que la pauvreté peut être un obstacle majeur à l'apprentissage et à la réussite scolaire, et il est essentiel de mettre en place des mesures pour aider ces élèves à réussir. Cela peut inclure des programmes de bourses et de subventions pour l'achat d'équipement scolaire, des centres de loisirs ouverts pendant les vacances scolaires pour offrir une assistance aux devoirs et des campagnes de sensibilisation pour encourager l'engagement des parents et des enseignants.

Il est crucial de s'attaquer aux causes profondes de la pauvreté afin de prévenir ses effets néfastes sur les élèves. Cela peut inclure des mesures telles que l'amélioration de l'accès à l'emploi, la création de programmes de formation pour les adultes, et l'augmentation de l'aide financière pour les familles en difficulté.

Les enfants et les adolescents en situation de pauvreté ont souvent moins accès à une alimentation de qualité, à des soins de santé adéquats et à des opportunités éducatives. Ils peuvent également évoluer dans un environnement instable et peu sûr, ce qui peut entraîner une anxiété et une propension à la dépression.

L'éducation est un droit fondamental pour tous les enfants, quel que soit leur milieu socio-économique. En travaillant ensemble pour éliminer les barrières à l'éducation, nous pouvons aider à garantir que chaque enfant ait l'occasion de développer son plein potentiel et de contribuer de manière positive à la société.

Pour répondre aux questions, cochez la bonne réponse.

1 Les enfants venant de familles pauvres :   1 point
    A ☐ Sont plus motivés que les autres à l'école
    B ☑ Peuvent rencontrer des difficultés à l'école
    C ☐ Concerne presque la majorité des enfants français

2 L'argent garantit :   2 points
    A ☐ Les notes correctes et un bon accompagnement
    B ☐ Les cours de musique après l'école
    C ☑ Le matériel pour étudier

3 L'OCDE affirme que les élèves pauvres :   1 point
    A ☑ Sont moins bons que les riches
    B ☐ Ne savent pas lire
    C ☐ Éprouvent des difficultés à lire et à calculer

4 La solution face à ce problème serait :   1,5 point
    A ☑ De donner de l'argent aux familles
    B ☐ D'acheter du matériel pour les élèves
    C ☐ D'offrir des vacances aux élèves

5 Pour lutter contre la pauvreté des élèves, il faut :   1 point
    A ☑ Fournir des aides financières
    B ☐ Aider les parents à travailler
    C ☐ Mieux former les professeurs

6 La pauvreté peut aussi créer des problèmes :   1,5 point
    A ☐ Économiques
    B ☑ Psychologiques
    C ☐ De sécurité à l'école

7 Faciliter l'accès à l'éducation pour tous permettra aux élèves :   1 point
    A ☐ De réussir dans la vie
    B ☐ De n'avoir aucun frein dans leur réussite scolaire
    C ☑ De créer une société positive

Vous lisez l'opinion de ces trois personnes sur un forum français dont le sujet est « L'utilité de l'école »

Alexandra

Je pense que l'école est essentielle pour l'épanouissement et l'éducation des enfants. Elle leur offre la possibilité d'acquérir de nouvelles connaissances et de développer leur esprit critique, leur créativité et leur curiosité. L'école est également un lieu de socialisation et d'intégration, où les enfants apprennent à vivre ensemble et à respecter les règles. Cependant, je trouve que l'école devrait s'adapter aux besoins et aux capacités de chaque enfant et offrir une pédagogie plus flexible et plus adaptative.

Benjamin

Je suis assez sceptique quant à l'utilité de l'école. Selon moi, l'école est trop formatée et trop normée, ce qui ne permet pas aux enfants de s'exprimer et de s'épanouir pleinement. Elle leur impose des règles et des programmes qui ne correspondent pas forcément à leurs centres d'intérêt et à leurs besoins. De plus, l'école est très coûteuse et inégalitaire, avec des établissements privés qui offrent des conditions de travail et des résultats scolaires nettement supérieurs à ceux des établissements publics. Je pense donc que l'école doit être repensée et que d'autres méthodes d'apprentissage doivent être mises en place.

Charlotte

Je suis plutôt favorable à l'école, mais je pense qu'elle doit évoluer et s'adapter aux enjeux de notre société. L'école doit non seulement enseigner les connaissances traditionnelles, mais aussi sensibiliser les enfants aux problématiques environnementales, sociales et économiques. Elle doit également leur apprendre à être citoyens responsables et à s'engager dans la vie de leur communauté. L'école doit aussi être un lieu de découverte et de créativité, où les enfants peuvent explorer leurs passions et leurs talents.

À quelle personne associez-vous chaque point de vue ?
Pour chaque affirmation, cochez la bonne réponse.

1 L'école enseigne le respect des règles de vie en communauté :   1 point
    A ☑ Alexandra
    B ☐ Benjamin
    C ☐ Charlotte

2 Il faudrait enseigner d'une manière moins rigide :   0,5 point
    A ☐ Alexandra
    B ☑ Benjamin
    C ☑ Charlotte

3 Les enfants sont désintéressés par les cours :   1 point
    A ☐ Alexandra
    B ☑ Benjamin
    C ☐ Charlotte

4 Il y a trop de règles à l'école :   1,5 point
    A ☐ Alexandra
    B ☑ Benjamin
    C ☐ Charlotte

5 Il faut que l'école se développe et évolue :   2 points
    A ☐ Alexandra
    B ☐ Benjamin
    C ☑ Charlotte

6 Il faudrait que l'école laisse aux jeunes la possibilité de découvrir leurs talents :   1 point
    A ☐ Alexandra
    B ☐ Benjamin
    C ☐ Charlotte

/25
Mets cette note sur le graphique en **PAGE 3.**

CORRECTIONS

FRENCHPILL

P O U R   A L L E R   P L U S   L O I N . . .

- DOSSIER 1 -
LES MÉDIAS

EXERCICE 1 :

1. Le but de la censure médiatique est :
a. De contrôler la population (leur opinion) ;
b. Interdire certaines informations (limiter la diffusion, pas l'interdire) ;
C. Contrôler ce que publient les médias (pour qu'ils se plient à certaines lignes éditoriales ou à certains intérêts).

2. Quel peut être l'impact de la censure sur la population ?
A. Le manque d'information (car elle peut empêcher les citoyens de disposer de tous les éléments d'information nécessaires) ;
b. Une liberté d'expression limitée (valable pour la presse, pas la population) ;
c. La propagation de fausses nouvelles (les nouvelles sont vraies, mais incomplètes).

3. La censure médiatique :
a. Est souvent illégale (moyens <u>légaux</u> pour limiter la diffusion de certaines informations) ;
B. Évite parfois des problèmes (<u>pour la sécurité nationale ou l'ordre public</u>) ;
c. Est utile pour les sociétés de médias (elles sont sous pression politique ou commerciale, donc c'est ut<u>ile</u> <u>pour des entreprises ou pour le gouvernement</u>).

4. La censure indirecte, c'est :
a. La censure imposée par les médias (c'est le gouvernement qui impose) ;
B. La censure imposée à des médias (des lois restrictives sur la diffusion de l'information en passant par la censure indirecte exercée par les entreprises de médias ou les annonceurs) ;
c. La censure imposée à une zone géographique.

5. Laisser la censure se développer peut avoir comme conséquence de :
A. Réduire des opposants au silence (elle est souvent utilisée pour museler l'opposition) ;
b. Promouvoir la liberté d'expression (et peut avoir des conséquences graves sur la liberté d'expression) ;
c. Consulter des informations précises (il faudrait un dispositif pour ça).

6. Quel est l'un des moyens de lutter contre la censure
a. Garantir la clarté des informations (clarté de la diffusion de l'information) ;
B. Créer un organisme pour surveiller la diffusion de l'information (il est également nécessaire de mettre en place des dispositifs de contrôle et de surveillance) ;
c. Défendre la presse et la diffusion d'informations (défendre la liberté de la presse).

7. Quelle phrase résume le mieux l'opinion de l'auteur ?
A. Rendez-vous... la censure et pensez par vous-même (qui permet aux citoyens de se faire une opinion éclairée sur les questions de société) ;
b. Les seuls médias indépendants sont ceux qui ont de l'argent (la richesse se trouve dans ce qu'ils vont apporter à la population) ;
c. Seuls les citoyens ont un rôle à jouer dans la lutte contre la censure (dans le monde démocratique).

EXERCICE 2 :

1. Les réseaux sociaux :
a. Permettent d'avoir plus d'informations qui circulent (elles circulent plus facilement, c'est tout) ;
B. Ont changé notre façon de nous informer (impact significatif sur la manière dont nous consommons l'information et les actualités) ;
c. Ont permis à tout le monde de partager leurs informations (des opinions).

2. Cochez la bonne réponse :
a. 33 % des informations sur les réseaux sociaux sont fausses (on n'a pas la statistique) ;
b. Un tiers des informations sur les réseaux sociaux proviennent de robots (des fausses informations) ;
C. Les fausses informations sont davantage relayées que les vraies (les fausses informations ont tendance à se propager plus rapidement et à être partagées par un plus grand nombre de personnes que les informations véridiques).

3. Les médias traditionnels :
a. Ne donnent que de vraies informations (on sait qu'ils ont les moyens de les vérifier, 100 % vraies, ce n'est pas dit) ;
B. Font réfléchir et créent des discussions (vecteur de <u>débat</u> et de <u>réflexion</u> sur les questions de société) ;
c. Ne postent pas d'informations sur les réseaux sociaux (de nombreux journaux et chaînes de télévision ont créé leur propre compte sur les réseaux sociaux).

4. Les réseaux sociaux ont permis aux médias traditionnels de :
a. Changer d'audience (ils l'ont enrichie et restent en contact avec leur audience traditionnelle) ;
B. S'adapter (de rester pertinents dans un monde en constante évolution) ;
c. Remplacer leur support (ils ont deux supports).

5. Les médias traditionnels ont un avantage, qui est :
A. Le contrôle (grâce à leur capacité à vérifier et authentifier l'information) ;

6. Les médias traditionnels vont disparaître :
C. C'est impossible à dire (il est difficile de dire si les réseaux sociaux vont complètement remplacé les médias traditionnels).

7. L'avantage des réseaux sociaux, c'est :
C. La rapidité (les réseaux sociaux peuvent être utilisés pour sensibiliser rapidement un large public sur une question).

EXERCICE 3 :
1. Les bons médias ne favorisent aucune opinion
A. Jean (et s'assurent que tous les points de vue sont représentés de manière équitable et impartiale)

2. Les informations peuvent avantager certaines personnes ou organismes
C. Marie (les intérêts peuvent influencer le contenu médiatique)

3. Ne vous pressez pas pour assimiler une information :
C. Marie (prendre le temps de vérifier l'exactitude des informations)

4. Les médias sociaux augmentent la transmission des fausses informations
B. Rachel (prolifération de la désinformation)

5. Les médias doivent être conformes à la morale :
A. Jean (des normes éthiques et déontologiques)

6. Ne diffusez pas d'informations avant d'enquêter
B. Rachel (vérifier l'origine et la crédibilité des informations avant de les partager)

LA MODE

1. Dans l'Antiquité, le talon :
a. Était en cuir (les lanières) ;
B. Était utile pour se balader (amortir les chocs lors de la marche) ;
c. Servait à stabiliser la cheville (pour protéger la cheville).

2. Au Moyen Âge, les talons :
a. Étaient utilisés pour se battre (pour montrer le statut social et la puissance) ;
b. N'étaient qu'en bois (en cuir aussi) ;
C. Prouvaient notre rang dans la société (pour montrer le statut social et la puissance).

3. Pendant la Renaissance, les talons :
a. N'étaient portés que par des femmes
(« souvent » ≠ « toujours » utilisés par les femmes) ;
B. Ont changé de forme (les talons sont alors devenus plus élancés et plus fins) ;
c. Étaient accessibles pour tous (réservés aux couches aisées de la population).

4. À la Renaissance, le talon était synonyme de :
A. Talons pour toutes (toutes les femmes, riches ou pauvres) ;
b. Talons, la nouvelle invention (machine à coudre, pas le talon) ;
c. Vive le talon, adieu la chaussure ! (la chaussure aussi s'est développée).

5. Le talon aujourd'hui :
a. Gardera toujours la même fonction (continue d'évoluer)
B. Donne du charme (pour mettre la silhouette en valeur) ;
c. Est devenu démodé (ceci n'est pas dit).

6. Le talon est utilisé par les hommes :
a. Chez eux (aucun sens) ;
B. Dans la rue (les derbys, les bottes et les chaussures de sport sont compatibles avec la rue) ;
c. Pour regarder du sport (pour pratiquer).

7. Le talon a évolué :
a. Et stagne ;
B. Et évoluera (a connu de nombreuses évolutions et continue d'évoluer) ;

EXERCICE 2 :

1. Lequel de ce sujet ne pose pas de problème :
a. La couleur de la peau (race) ;
b. La morphologie (corps) ;
C. Les défilés (mannequin le problème, pas le défilé).

2. Dans les publicités :
a. On met des femmes comme dans la vraie vie (les personnes qui ne correspondent pas aux standards de beauté traditionnels) ;
b. On ne met que des grandes femmes (on ne spécifie pas la taille) ;
C. Les diversités de formes sont peu représentées (il est rare de voir des personnes de différentes tailles et de différentes formes représentées).

3. Dernièrement, la mode :
a. Est synonyme de discrimination (il y a eu un mouvement croissant ces dernières années pour inclure plus de diversité) ;
b. Propose autant de tailles qu'avant (de lignes de vêtements étendues pour les tailles plus grandes) ;
C. Propose des vêtements pour tous (de lignes de vêtements étendues pour les tailles plus grandes).

4. La diversité raciale ne concerne pas :
A. Les clients ;
b. Les couturiers (et il y a peu de créateurs de mode de couleur qui ont du succès) ;
c. Les mannequins (souvent sous-représentés dans les campagnes publicitaires et les défilés de mode).

5. Le dernier problème concerne :
a. Le poids ;
b. La distinction (facile à distinguer) ;
C. La mixité (peu de vêtements non genrés).

6. Le but ultime de la mode est :
A. L'inclusion de tous types de personnes (plus inclusive) ;
b. D'exclure les personnes représentant des stéréotypes
c. D'inspirer confiance envers les clients (la confiance en soi des personnes exclues ≠ confiance envers la mode)

7. Le ton de cet article est :
a. Alarmant (pas de problème en constante évolution) ;
b. Enthousiaste ;
C. Polémique (parle de problèmes qui divisent).

EXERCICE 3 :

1. La mode éthique passe par les choix du consommateur :
A. Marie (il suffit de choisir les bonnes marques et de soutenir celles qui font des efforts pour être éthiques)

2. Je ne suis pas sûr(e) que la mode éthique existe :
B. Paul (je suis sceptique quant à la réalité de la mode éthique)

3. J'ai contribué à la mode éthique, j'ai aimé :
C. Sophie (J'ai déjà acheté des vêtements de marques éthiques et j'ai été satisfaite de la qualité et de la durée de vie de ces produits)

4. La marque éthique est plus onéreuse que la marque traditionnelle :
C. Sophie (les marques éthiques sont souvent plus chères que les autres et peu accessibles à tous les budgets) – *elle compare, Paul ne compare pas.*

5. Consommer éthique, prouve que l'on se rend compte des conséquences de nos choix :
A. Marie (c'est une manière de montrer que l'on tient compte de l'impact de nos choix sur le monde qui nous entoure)

6. Je préfère acheter des vêtements de marque que l'on peut porter longtemps :
B. Paul (je préfère me concentrer sur des marques qui proposent des vêtements de qualité et qui durent dans le temps) - *on ne parle pas ici de marque éthique + il parle de sa préférence*

- DOSSIER 3 -
ENVIRONNEMENT

EXERCICE 1 :

1. Quel est l'avantage du recyclage des vêtements ?
B. La préservation des ressources sur terre (préserver les ressources naturelles) ;

2. Quelles sont les solutions pour recycler le textile ?
B. Le transformer (En effet, le textile est un matériau qui peut être recyclé de manière à créer de nouveaux produits) - *A et B parlent de vêtements*

3. À qui ne vend-on pas nos vêtements d'occasion :
B. Aux particuliers (association ou friperies) ;

4. Quelle solution pour recycler ses vêtements est correcte :
a. Mettre ses vêtements dans un conteneur dédié <u>en décharge</u> (<u>dans les villes ou villages</u>) ;
b. Donner ses vêtements de marque à des centres de recyclage (non, ce sont certaines marques qui reprennent les vêtements) ;
B. Fabriquer d'autres choses avec nos vêtements.

5. Quels sont les vêtements qui peuvent être transformés en chiffons ?
A. Les vêtements en coton ;

6. Comment trie-t-on les vêtements avant de les recycler ?
B. Par matière et par état ;

7. Cet article :
A. Conseille ;

EXERCICE 2 :

1. Quel est l'avantage des trottinettes électriques en ville ?
a. Elles rejettent peu de gaz à effet de serre (elles n'en rejettent pas) ;
B. Elles sont moins bruyantes (réduisent les nuisances sonores) ;
c. Elles ne polluent pas (cependant, l'utilisation des trottinettes électriques <u>a un impact environnemental</u>).

2. L'avantage écologique des trottinettes, c'est :
a. La durée de vie des composants (elle est limitée)
B. La recharge ;
c. Les rares particules fines rejetées (il n'y en a pas)

3. Avec les trottinettes électriques, les automobilistes :
b. Sont moins nombreux (réduit les embouiteillages)

4. Quelles sont les limites écologiques des trottinettes électriques :
a. Elles consomment trop d'énergie (ce n'est pas dit)
B. Certaines pièces sont souvent changées (batteries et freins) ;
c. Leur recyclage est impossible (oui, dans des centres de recyclage spécialisés)

5. L'impact environnemental d'une trottinette peut être limité par :
A. L'acheteur (il doit choisir la bonne) ;

6. Ce qui est primordial pour l'écologie, c'est :
A. L'entretien de sa trottinette (changer la batterie) ;
b. Les accidents de trottinettes (les éviter) ;
c. Le stationnement des trottinettes (les règles).

7. L'auteur conclut en disant qu'avec les trottinettes :
A. L'air est meilleur ;

EXERCICE 3 :
1. On ne peut pas toujours respecter l'environnement :
C. Sophie (nous ne pouvons pas tous être des militants écologiques à temps plein)

2. Évitons de culpabiliser sur l'état de la planète :
C. Sophie (mais nous ne devons pas nous sentir coupables ou écrasés par la responsabilité de sauver la planète)

3. La pollution est problématique pour les animaux et les plantes :
A. Anna (de la faune et de la flore)

4. J'aide les associations de préservation de l'environnement :
B. Paul (c'est pourquoi je soutiens les mouvements environnementaux)

5. Nous <u>devons</u> être <u>responsables</u> de nos actes et <u>agir</u> contre la pollution :
A. Anna (nous <u>devons</u> tous être <u>responsables</u> de notre impact sur l'environnement et adopter de <u>meilleures habitudes de consommation</u> et de développement durable) - *c'est un devoir*

6. Certains dégradent l'environnement pour de l'argent :
B. Paul (mettent en danger la santé de la planète et de ses habitants pour maximiser leurs profits)

- DOSSIER 4 -
L'ART

EXERCICE 1 :
1. Autrefois, l'art :
A. Intéressait des gens (l'intérêt et la curiosité)

2. Une œuvre d'art peut être créée :
C. Par des artistes formés pendant des années

(consacrent une grande partie de leur vie à l'apprentissage).

3. Les œuvres peuvent coûter cher à cause :
A. De la renommée de l'artiste
b. Du coût de sa formation
c. Du temps nécessaire pour qu'elles soient célèbres (la célébrité de l'artiste crée de la valeur)

4. Quelle phrase peut justifier l'acquisition d'une œuvre ?
a. « 1 € le tableau, j'achète ! » (pas cher) ;
B. « Il n'existe qu'un tableau comme celui-ci ! » (rareté)
c. « Ce tableau est de qualité, j'en veux 10 » (pas original).

5. Certains achètent des œuvres :
B. Pour faire du bénéfice (et être revendu parfois trois ou quatre fois plus cher) ;

6. Quel élément n'apporte pas de valeur à une œuvre ?
b. La préservation de l'œuvre (conservées et préservées avec soin)
C. Sa date de création (ce n'est pas mentionné).

7. La valeur d'une œuvre :
B. Varie selon la période (la mode) ;

EXERCICE 2 :
1. L'art-thérapie soigne :
B. Les personnes anxieuses (anxiété) ;

2. Pendant la séance, le patient :
B. Crée une œuvre d'art (ne parle pas) ;

3. Cette thérapie est vraiment utile pour ceux :
A. Qui ont du mal à s'exprimer (ce qui peut être particulièrement utile pour ceux qui ont du mal à parler de leurs problèmes).

4. l'art-thérapie aide :
A. À mieux se connaître (a prise de conscience de soi et à la compréhension de soi)

5. L'art-thérapie est pratiqué :
A. Par plusieurs métiers différents (Il existe de nombreux professionnels formés en art-thérapie, y compris des psychologues, des travailleurs sociaux et des conseillers en orientation).

6. L'efficacité de cette thérapie :
B. Dépend du type de patient (Il est important de se rappeler que l'art-thérapie n'est pas un remède miracle pour tous les problèmes de santé mentale et qu'il peut ne pas être adapté à tout le monde).

7. Si on est intéressé :
A. On contacte un médecin (Si vous pensez que l'art-thérapie pourrait vous être bénéfique, il est recommandé d'en discuter avec votre médecin ou un autre professionnel de la santé mentale)

EXERCICE 3 :
1. Le street art enlaidit les villes :
A. Marie (cela nuit à l'esthétique des villes)

2. Je ne pense pas que la punition soit utile, bien au contraire :
C. Rachel (je pense que cela devrait être encouragé plutôt que réprimé)

3. Le street art peut éveiller les consciences :
C. Rachel (cela peut aider à sensibiliser les gens sur ces sujets)

4. Le street art est une opportunité pour les artistes inconnus :
B. David (les nouveaux artistes qui n'ont pas les moyens de s'offrir un espace d'exposition traditionnel)

5. Les graffeurs peuvent peindre si on leur en donne l'autorisation :
A. Marie (pas le droit de peindre sur les murs ou les immeubles sans autorisation)

6. Il faudrait donner la possibilité aux graffeurs de peindre à certains endroits :
B. David (créer des zones où les artistes de rue peuvent peindre librement, sous certaines conditions)

- DOSSIER 5 -
LE TRAVAIL

EXERCICE 1 :
1. Grâce à la robotisation, la production est :
A. Efficace ;

2. Les métiers de l'industrie :
A. Sont moins difficiles (remplacer certaines tâches fastidieuses et répétitives) ;
b. Sont <u>tous</u> supprimés (pas totalement) ;

3. Ce qu'il faut faire, c'est :
a. Ne travailler qu'avec des robots (les humains auront d'autre tâches, ils seront toujours là)
B. S'adapter à la robotisation (s'adapter aux nouvelles technologies et développer de nouvelles compétences)

4. La pérennité des emplois dépend :
A. De l'entreprise (si les entreprises décident de <u>se passer de main-d'œuvre humaine</u> au profit de robots) ;

5. Dans l'usine automobile, certains soudeurs :
C. Ont quitté l'entreprise (Cela a <u>conduit à la suppression</u> de nombreux emplois de soudeurs)

6. Selon le professeur Brynjolfsson :
B. Les métiers vont changer (créeront de nouveaux emplois) ;

7. À la fin de l'article, les robots sont considérés comme :
C. Positifs et négatifs (peuvent représenter une opportunité pour les emplois de l'industrie, mais ils peuvent également susciter des inquiétudes).

EXERCICE 2 :
1. Les métiers de l'informatique :
a. Ont évolué (ce n'est pas fini) ;
B. Sont remplis de challenges (mais aussi des défis à relever)

2. Les informaticiens :
A. Sont bien payés (avec des salaires attractifs) ;
b. Sont très spécifiques (<u>variés</u> et <u>s'adaptent</u> à tout) ;
c. Travaillent <u>toujours</u> pour eux (on ne connaît pas la fréquence).

3. Ce qui est primordial pour un informaticien, c'est :
A. De se former autant que possible (devoir sans cesse se mettre à jour et de se former de manière continue)
b. <u>D'investir</u> dans des formations (on ne parle pas <u>d'investissement</u> on parle de les <u>suivre</u>).

4. Ce qui pose problème aux informaticiens, c'est :
A. Le nombre de postes à pourvoir (nombre important de candidats pour un nombre limité de postes) ;

5. L'informaticien éthique :
A. Connaît et facilite l'application de la loi (chez les informaticiens de maîtriser les réglementations en vigueur et de développer des solutions adaptéespour les appliquer)

6. Les informaticiens seront :
a. Remplacés par l'intelligence artificielle
b. <u>Ne</u> vont <u>qu'</u>améliorer la vie des e-commerçants (d'un site de commerce électronique <u>ou pour optimiser les paramètres d'un réseau de transport intelligent.</u>)
C.Vont développer des intelligences artificielles (concevoir et entraîner des modèles de <u>machine learning</u>).

7. En résumé, l'objectif de l'IA est de :
A. Faciliter notre quotidien (général - améliorer la vie des gens de différentes manières.) ;
b. Dialoguer avec des humains (pas que ça) ;
c. Enrichir l'utilité des appareils (pas que ça).

EXERCICE 3 :
1. Le télétravail est positif, mais <u>pas pour tous</u> :
B. David (<u>pour certaines personnes</u>, cela peut être difficile à gérer) – Sophie ne dit rien de positif sur le télétravail.

2. Le télétravail peut tuer les relations sociales :
b. David (il peut isoler et réduire la stimulation, surtout si on est habitué à travailler en équipe)

3. Le télétravail nous permet de nous autogérer :
A. Marie (tout en offrant plus de flexibilité et d'autonomie)

4. Pour certaines professions, le télétravail est impossible :
C. Sophie (n'est pas adaptable à tous les métiers)

5. Avant de télétravailler, il faut se poser les bonnes questions :
C. Sophie (il faut donc être vigilant et voir si le télétravail est réellement adapté)

6. On ne perd pas de temps dans les transports avec le télétravail :
A. Marie (cela permet de gagner du temps et de l'argent en évitant les déplacements)

- DOSSIER 6 -
LE TOURISME

EXERCICE 1 :

1. Le tourisme :
C. Est négatif pour la nature (l'environnement).

2. Qui profite <u>économiquement</u> du tourisme ?
A. Les hôtels (hébergements locaux) ;

3. La culture locale est menacée par :
A. Le nombre de touristes trop important (tourisme de masse) ;
b. La promotion du tourisme (de masse) ;

4. Quel est l'inconvénient du tourisme ?
a. Il exploite les travailleurs locaux (on surveille ça, ce n'est pas affirmé) ;
B. Il tue des forêts (déforestation) ;
c. Il ne limite pas les arrivées (les impacts du tourisme)

5. Le tourisme équitable veut :
A. De la justice pour les acteurs locaux (juste et équitable) ;
b. La richesse des acteurs locaux (juste et équitable) ;
c. Des partenariats entre acteurs <u>locaux</u> (entre acteurs de la <u>chaîne touristique = locaux et extérieur</u>).

6. La solution aux problèmes du tourisme, c'est :
A. L'imposition de lois (mettre en place des règles) ;

7. Il faut éviter :
B. De profiter des destinations à bas coût ;

EXERCICE 2 :

1. Le nombre de volontours a augmenté de :
C. D'environ 4,4 millions (6 -1,6 = 4,4 | a augmenté de 4,4).

2. Cochez le bienfait du volontourisme :
a. Le volontouriste gagne de l'argent (il en donne) ;
b. Le volontouriste fait découvrir sa culture (il en découvre une) ;
C. Les populations locales peuvent se former (des opportunités de formation).

3. Le problème du volontourisme, peut-être :
A. De ne pas écouter les réels besoins des locaux (privilégier les projets qui répondent à des besoins réels) ;

b. De vouloir adopter la mode de vie des locaux (si on l'adopte, on ne le perturbe pas) ;
c. Les volontouristes doivent suivre une formation (le voyage, « formé » fait référence à l'organisation).

4. Ce texte s'adresse :
B. Aux futurs voyageurs (bien s'informer et de choisir avec soin son organisme de voyage avant de partir) ;

5. Le volontouriste reste en général :
A. Deux semaines (regarde le début du texte) ;

6. Avec les projets longs :
A. On connaît mieux la situation ;
c. On devient parfait (on s'améliore en continu).

7. Le volontourisme doit :
a. Se focaliser sur un seul problème bien précis (les besoins) ;
b. Régler tous les problèmes locaux (le volontourisme ne peut pas à lui seul résoudre) ;
C. Travailler avec d'autres organismes. mais plutôt comme un complément à d'autres actions ou structures.

EXERCICE 3 :

1. Le tourisme enrichit et développe certains pays :
B. Julien (c'est une source de richesse considérable pour les pays qui le développent... d'améliorer les infrastructures et de créer de nombreux emplois) – *Maude fait une supposition (peut être)*

2. Il faut acheter des produits fabriqués ou cultivés dans le pays que l'on visite :
B. Julien (en achetant des produits locaux)

3. Recevoir des touristes, c'est bien, mais pas trop :
A. Maude (tourisme de masse)

4. Quand on va dans un pays, il faut faire attention à notre impact écologique et social :
A. Maude (nous devons veiller à le faire de manière responsable)

5. Le tourisme ne profite qu'aux touristes :
C. Antoine (il ne sert qu'à satisfaire les besoins des touristes)

6. Je suis contre le tourisme, il entraîne des problèmes
C. Antoine (impact négatif sur l'environnement, sur les cultures et sur les économies locales)

- DOSSIER 7 -
L'HISTOIRE

EXERCICE 1 :

1. Depuis la Préhistoire :
a. On découvre des inventions (on découvre des choses) ;
B. On invente des choses ;

2. L'invention de la roue vers 3 500 avant Jésus-Christ a facilité :
C. La vie des cultivateurs (agriculteurs).

3. Les changements apportés par l'écriture :
A. Ont permis de mieux transmettre l'Histoire (et les récits historiques) ;
b. Ont permis de créer des choses à partir des idées (diffuser) ;
c. Ont rapporté de l'argent aux cultures (enrichir = épanouir).

4. Les livres étaient synonyme :
A. De connaissance accessible (démocratisation de la connaissance) ;
b. D'apprentissage rapide (sur la transmission du savoir ≠ pas de rapidité) ;
c. D'éducation pour tous (expansion = plus de monde ≠ tous).

5. Internet a <u>premièrement</u> servi à :
B. Communiquer (sa première utilité) ;

6. Internet a changé :
a. La liberté d'expression (d'information) ;
B. La consommation de film et de musique (streaming)
c. Les métiers industriels (industrie fait référence à des domaines et pas au monde industriel).

7. Les inventions :
A. Peuvent causer du mal (poudre à canon) ;
b. Sont toujours positives pour la société (poudre à canon) ;
c. Développent notre créativité (c'est la créativité qui développe ces inventions).

EXERCICE 2 :

1. Connaître l'Histoire permet :
B. De mieux gérer le futur (les défis auxquels nous sommes confrontés aujourd'hui et de trouver des solutions pour y faire face) ;
c. De comprendre les jours à venir (passés.)

2. Les personnes intéressées par l'Histoire :
A. Sont ouvertes d'esprit (mieux comprendre les différences culturelles et les similitudes qui existent entre les différentes sociétés) ;

3. Les guerres :
C. Sont des leçons pour le présent (cela peut être particulièrement important pour éviter les conflits et les guerres).

4. L'Histoire s'apprend :
a. Avec un bon professeur à l'école (pas forcément à l'école) ;
B. Avec des vidéos instructives (documentaires) ;
c. Avec des séries et des films historiques (non, des documentaires).

5. Assassin's Creed permet :
A. De visiter des villes antiques (explorer) ;
b. Jouer le rôle de personnages célèbres (rencontrer) ;
c. De mieux comprendre l'origine des guerres (ceci n'est pas dit).

6. Call of Duty et Medal of Honor plongent les joueurs :
B. Entre 1939 et 1945 ;

7. Bien apprendre l'Histoire se fait :
B. Avec plusieurs supports ;

EXERCICE 3 :

1. Il faudrait donner moins d'heures d'Histoire :
B. Jean (ne pas surcharger notre emploi du temps avec trop d'heures d'Histoire et privilégier d'autres matières)

2. Ceux qui racontent l'histoire donnent leur avis et ne disent pas tout :
A. Marie (l'Histoire est souvent présentée de manière partiale et subjective)

3. L'histoire n'est pas aussi pertinente que d'autres matières ?
B. Jean (je trouve l'histoire intéressante, mais elle n'a pas la même utilité que d'autres matières, comme les mathématiques)
4. En connaissant l'Histoire, on voit comment les hommes ont progressé :
C. Sophie (elle nous montre comment les sociétés et les individus ont évolué)

5. Grâce à l'Histoire, on réfléchit mieux :

C. **Sophie (l'Histoire nous enseigne aussi à être critiques et à remettre en question les idées reçues)**

6. L'Histoire est inutile :
A. **Marie (selon moi, l'Histoire n'est pas une matière utile)**

- DOSSIER 8 -

LA SANTÉ

EXERCICE 1 :

1. La dépression :
A. **Comporte plusieurs degrés (légère, modérée ou sévère) ;**
c. Donne souvent envie de dormir (empêche de dormir).

2. La dépression crée :
a. Du stress (est causée par le stress) ;
B. **Des insomnies (troubles du sommeil – paragraphe 1)**
c. Une maladie (c'est une maladie).

3. En France, qui a le plus de risques d'être déprimé ?
a. Marine 24 ans ;
b. John 72 ans ;
C. **Josette 69 ans (femme + âgée).**

4. Une des prévention à cette maladie serait de :
A. **Vivre sainement (l'exercice régulier, une alimentation saine et l'élimination du stress inutile) ;**
b. Suivre deux thérapies (l'une ou l'autre) ;
c. Prendre des antidépresseurs (aide).

5. Quand on croit avoir une dépression, il faut dabord :
a. Parler à un Psy (ensuite)
C. **Parler à un ami ou de la famille**
6. Quel adolescent a des signes de dépression selon vous :
A. **Marc, 15 ans, il n'aime plus le foot, c'était sa passion (ado + changement)**
b. Marion, 24 ans, elle change d'humeur, ne mange plus et dort mal (ce n'est pas une ado) ;
c. Martin 14 ans, n'a jamais su se concentrer et n'a jamais eu confiance en lui (ce n'est pas un changement).

7. Cet article :
a. Dénonce un problème (aucune critique) ;
B. **Fait de la prévention pour un problème (conseille) ;**
c. Alarme sur un problème (pas de hausse de la dépression).

EXERCICE 2 :

1. L'obésité chez les enfants :
a. Est en baisse (problème de santé publique croissant)
b. Ne concerne que quelques pays (nombreux pays à travers le monde) ;
C. **Est un excès de gras qui s'accumule (accumulation anormale ou excessive de graisse).**

2. Ce qui cause cette maladie, c'est :
a. Les aliments équilibrés (le déséquilibre)
B. **Le manque de sport ou de marche (une faible activité physique) ;**
c. Les loisirs des jeunes (les lieux de loisirs).

3. La solution pour une ville serait :
a. D'éduquer les enfants à mieux manger (famille)
b. Supprimer les fast-foods (créer des lieux de nourriture saine) ;
C. **Construire des endroits où faire de l'exercice physique (une faible disponibilité de lieux de loisirs pour l'exercice).**

4. Les conséquences de l'obésité chez l'enfant peuvent être :
A. **Des maladies du cœur (les maladies cardiaques) ;**
b. Un certain type de cancer (cancer du côlon et du sein, il y en a 2) ;
c. La dépression.

5. Quel aliment est recommandé aux jeunes obèses ?
A. **La pomme (non transformée et c'est un fruit) ;**

6. Qui a pour rôle de mettre en place ces solutions ?
A. **La municipalité (le maire peut inclure l'amélioration de l'accès à des aliments sains dans les écoles et dans sa ville) ;**

7. Le ton de ce texte est :
B. **Alarmant (en hausse + solutions compliquées à mettre en place) ;**

EXERCICE 3 :

1. Les 18-25 ans courent moins de danger après un vaccin :
C. **Sophie : pour une personne jeune et en bonne santé, les risques de complications suite au vaccin sont peut-être plus faibles.**

2. Les conséquences du vaccin me font peur :
B. David (je crains les effets secondaires)

3. On doit penser aux risques et aux bénéfices avant de se décider à se faire vacciner :
B. David (bien se renseigner et de peser le pour et le contre avant de se faire vacciner)

4. Il faut se vacciner pour se protéger mais aussi pour son entourage :
A. Marie : Je pense qu'il est important de se faire vacciner pour protéger sa santé et celle des autres.

5. Les vaccins ont prouvé leur utilité :
A. Marie (grâce aux vaccinations, certaines maladies comme la polio ou la rougeole ont pratiquement disparu)

6. Avant de se faire vacciner, on doit contrôler les dangers éventuels :
C. Sophie (chacun doit évaluer ses propres risques et faire un choix en connaissance de cause) - *elle ne parle pas de bénéfices comme David.*

- DOSSIER 9 -

LES INÉGALITÉS H/F
EXERCICE 1 :
1. Depuis longtemps :
a. Les inégalités H/F ne crée un mal-être que chez les femmes (chez tout le monde)
B. Les campagnes de prise de conscience des inégalités H/F augmentent (promouvoir l'égalité entre les sexes)
c. On a atteint l'égalité H/F (il reste encore beaucoup de travail à faire).

2. L'égalité H/F est primordiale :
a. Pour que les femmes vivent mieux (tout le monde) ;
B. Parce que c'est un droit important (droit fondamental) ;
c. Pour limiter les chances de réussite des hommes.

3. Une société ayant moins d'inégalités de genre :
A. Est moins brutale (taux plus bas de violence et de pauvreté) ;
b. Est moins riche (basse pauvreté) ;
c. Est moins dominée par les hommes (on ne sait pas).

4. L'OCDE affirme que l'absence d'inégalités :

a. Est positive pour le développement durable (développement durable = concept écologique) ;
B. Peut créer une meilleure entente entre citoyens (peut renforcer la cohésion sociale) ;
c. Ne bonifie que la vie des femmes (de tous).

5. Pour améliorer la santé d'un pays, il faut :
a. Soigner les femmes en priorité ;
b. Garantir d'excellents soins pour les femmes ;
C. Des familles sans inégalités H/F (des sexes est cruciale pour améliorer la santé des individus et des familles d'un pays)

6. Qui a le pouvoir de vraiment réduire les inégalités H/F :
A. Le gouvernement (les lois) ;
b. Les patrons d'entreprises (les lois) ;
c. Les enfants (l'école).

7. La solution serait :
a. L'inclusion de femmes en politique ;
b. Soutenir les femmes financièrement (soutenir les organisations) ;
C. L'écoute des besoins des femmes (s'assurer que les nécessités des femmes soient entendues).

EXERCICE 2 :
1. Les Françaises :
A. Ont une histoire compliquée (complexe) ;
b. Ont une richesse qui a évolué (leur histoire est riche, pas elles) ;
c. Ont de plus en plus de régression (d'évolution).

2. Pendant l'Antiquité, les femmes en France :
a. Allaient peu à l'école (pas du tout) ;
b. Étaient exceptionnelles comme la reine égyptienne (pas toutes) ;
C. En majorité se mariaient et faisaient des enfants (principalement des épouses et des mères).

3. Au Moyen Âge, la situation des femmes :
a. A évolué lentement ;
B. A principalement stagné (a peu changé) ;
c. S'est en partie dégradée.

4. Au XIXe siècle, les femmes :
a. Travaillaient (XXe siècle) ;
B. Votaient (droit de vote) ;
c. Allaient à l'école.

5. Aujourd'hui, le problème des femmes concerne :

a. La violence conjugale
B. Les postes importants
c. Les décisions entreprises

6. Quel pays donne le même nombre de jours de repos en cas de naissance :
a. La Suède ;
B. La Norvège ;
c. Le Danemark.

7. Quel pays permet aux femmes de gérer les crimes sexistes :
a. La Norvège ;
b. Le Danemark ;
C. Le Canada.

EXERCICE 3 :

1. Les efforts fournis n'ont pas changé grand-chose :
A. Marie : malgré les progrès réalisés ces dernières décennies, les femmes sont toujours confrontées à des discriminations et des comportements attendus

2. Il faut amorcer une lutte contre les inégalités :
A. Marie (cette situation est inacceptable et nous devons tous nous mobiliser pour commencer à lutter contre ces inégalités)

3. Si on continue les efforts dans le temps, les inégalités vont diminuer :
B. Julien (cela prend du temps, mais nous sommes sur la bonne voie)

4. Les gens pensent de mieux en mieux :
B. Julien (de plus, les mentalités évoluent)

5. La fonction des femmes est souvent imposée :
c. Sophie (qui imposent des rôles aux femmes)

6. On ne doit pas arrêter de se battre pour l'égalité homme-femme :
C. Sophie (continuer à lutter contre les inégalités homme-femme) - *Marie veut commencer*

- DOSSIER 10 -
LE NUMÉRIQUE

EXERCICE 1 :

1. Le E-commerce :
a. Permet de tout acheter depuis son canapé (presque tout) ;

B. Est de plus en plus présent dans nos habitudes de consommation (populaire) ;

2. L'avantage du E-commerce, c'est :
A. La consultation des opinions des clients (les avis) ;
b. La comparaison de prix entre différents centres commerciaux (≠sites web) ;

3. Les petites entreprises :
B. Peinent à assumer financièrement la maintenance d'un site web (Les coûts de mise en place et de gestion d'un site de E-commerce peuvent être élevés et peuvent être difficiles à supporter)

4. Pour être visible en ligne, on doit :
B. Tenter de nouvelles choses (innover) ;

5. À l'avenir, le concept du E-commerce :
A. Augmentera

6. Les commerces de proximité sont :
A. Menacés par le E-commerce (impact négatif sur les commerces de proximité) ;
b. Pérennes pour les années à venir ;
c. Indispensables pour les consommateurs.

7. Qui peut aider les commerces de proximité ?
a. Les consommateurs de la ville (locaux) ;

EXERCICE 2 :

1. Que permettent les réseaux sociaux :
A. Discuter avec nos proches ;
b. Partager la vie de sa famille (sa vie avec sa famille) ;
c. S'informer de façon fiable (désinformation).

2. S'exprimer sur les réseaux sociaux, c'est :
B. Sans risques (sans représailles) ;

3. Avec les réseaux sociaux, certaines informations :
A. Deviennent visibles (mettre en lumière des injustices) ;
b. Dénoncent des causes (soutiennent) ;
c. Profitent aux gouvernements et aux entreprises (pression).

4. Quelques communautés créées sur les réseaux sociaux :
C. Crée des interactions sans intérêt (réduire la possibilité de discussions constructives).

5. Qui peut combattre la désinformation ?
A. Les modérateurs (politiques de modération strictes)

6. Il est recommandé d'utiliser les réseaux sociaux :
a. Pour discuter en famille ;
b. Dès que l'on en a envie ;
C. Avec modération (ne pas y passer tout notre temps).

7. Le danger des réseaux sociaux <u>vient</u> :
A. Des utilisateurs (selon la manière dont nous les utilisons) ;
b. Des fausses informations ;
c. Du manque de dialogue (entre personnes qui ne se comprennent pas).

EXERCICE 3 :
1. La hausse de l'addiction peut créer des problèmes sociaux :
B. Léa (par exemple, la dépendance croissante aux outils numériques)

2. C'est la première fois que nous bénéficions d'autant d'informations :
A. Antoine (nous avons accès à une quantité de données et de connaissances jamais atteinte auparavant)

3. Il faut savoir prendre de la distance avec les objets numériques :
A. Antoine (le temps de déconnecter et de préserver sa vie privée)

4. Le numérique peut aider des médecins :
A. Julien (peut être utilisé pour améliorer le domaine de la santé)

5. Le numérique peut être positif à l'échelle mondiale :
C. Julien (potentiel de changer le monde de manière positive)

6. Il faudrait se demander si le numérique est vraiment utile :
B. Léa (se poser la question de son bien-fondé et de son utilité réelle)

- DOSSIER 11 -
NOUVELLES TECH'

EXERCICE 1 :
1. Le smartphone :
a. Crée souvent des problèmes au travail (peut avoir de graves conséquences) ;
b. A été un problème quotidien (ça l'est toujours) ;
C. Rend accro la majorité des Européens (63 %).

2. Ce qui cause des problèmes dans notre quotidien, c'est :
a. La déconnexion (on en manque) ;
b. Le stress et l'anxiété (c'est la conséquence des alertes) ;
C. Les alertes (notifications, appels, etc.).

3. L'indispensabilité du smartphone se trouve dans :
a. Ses fonctions (on peut tout faire avec) ;
b. Sa dépendance (NOUS en sommes dépendants) ;
c. Le besoin de répondre aux sollicitations (ça crée de l'addiction, ça ne rend pas le téléphone indispensable).

4. Le problème de santé physique que cause le smartphone :
A. Concerne les yeux (fatigue oculaire) ;
b. Concerne les difficultés à dormir (santé mentale) ;
c. Concerne le morale (santé mentale).

5. Ce qui rend malheureux, c'est :
a. Notre vie qui paraît belle ;
B. La comparaison de notre vie (comparaison constante avec les autres) ;
c. La pression subie pour répondre aux sollicitations (au niveau des appréciations des autres).

6. L'addiction :
A. Dégrade la communication avec les autres (diminution de la qualité des interactions sociales) ;
b. Isole notre entourage (isole l'utilisateur, pas son entourage) ;
c. Creuse la distance entre les réseaux et nous (entourage).

7. Concernant le travail, l'addiction au smartphone :
a. Rend productif (diminue la productivité) ;
B. Déséquilibre la vie personnelle et professionnelle (empêche l'équilibre entre vie professionnelle et vie personnelle) ;
c. Permet de déconnecter du travail (empêche de déconnecter de notre travail).

EXERCICE 2 :
1. TikTok est une application :
a. Qui a connu <u>une</u> polémique (plusieurs) ;

b. Qui continue de croître (a connu une croissance exponentielle) ;
C. Qui permet de partager des vidéos en ligne.

2. La grande polémique de cette plateforme concerne :
A. La vie privée (partager des données personnelles) ;
b. La consommation de données (collecte ≠ consommation GB) ;
c. Les utilisateurs mineurs

3. Selon TikTok, les données des utilisateurs :
A. Peuvent être partagées avec le gouvernement chinois (qu'elles n'étaient pas partagées avec le gouvernement chinois sans le consentement de l'utilisateur) ;
b. Ne sont jamais partagées avec le gouvernement chinois ;
c. Sont partagées avec le gouvernement chinois.

4. Ce que les tiktokeurs veulent, c'est :
a. Que la plateforme ne partage rien ;
B. De la clarté (transparence) ;
c. Faire confiance à la plateforme.

5. La BBC affirme que les modérateurs de TikTok :
A. Cachent certaines vidéos (censure) ;
b. Ont supprimé 500 vidéos (plus de 500) ;
c. Manquent de transparence (de la part des utilisateurs).

6. Le contenu de cette plateforme :
a. Est pour tous les âges (restrictions d'âge) ;
b. Est choquant pour les enfants (pour tous) ;
C. Peut être géré par les parents (contrôle parental).

7. Aujourd'hui, TikTok :
a. Est transparent avec les utilisateurs (des demandes de transparence de la part de ses utilisateurs) ;
b. Est salué par la communauté internationale ;
C. Est encore critiqué (continue de faire face à des critiques).

EXERCICE 3 :
1. L'IA devrait respecter notre vie privée :
C. Marie (veiller à ce que l'IA respecte nos valeurs et nos lois, notamment en matière de respect de la vie privée)

2. Avec l'IA, on travaille sur la créativité :
A. Jean (ce qui nous permet de nous concentrer sur des tâches plus créatives et gratifiantes)

3. L'utilité de l'IA est bonne, mais on doit aussi savoir se débrouiller :
C. Marie (mais il est important de rester vigilant et de ne pas trop compter sur elle)

4. L'IA pourrait détecter à l'avance certains des tsunamis :
A. Jean (prédire des catastrophes naturelles)

5. Je me méfie des avantages de l'IA :
B. Sophie (je suis assez sceptique quant à l'utilité de l'IA)

6. L'IA veut tout savoir de nous :
B. Sophie (je sais que l'IA est utilisée pour contrôler ou surveiller les individus, ce qui va à l'encontre de nos valeurs de liberté et de respect de la vie privée.)

- DOSSIER 12 -
L'ÉCOLE

EXERCICE 1 :
1. L'enseignement adapté est synonyme :
A. De solutions (inadapté est le problème) ;
b. Gros problèmes (conséquence de l'enseignement inadapté) ;
c. Frustration et démotivation (conséquence de l'enseignement inadapté).

2. Bien enseigner pour tous, c'est :
A. Bien connaître ses élèves (et s'adapter selon les besoins) ;
b. Proposer des formations standard en classe (adaptées) ;
c. Être à l'aise avec ses élèves (l'élève doit être à l'aise. Pas le prof).

3. Adapter son enseignement peut être :
A. Donner des cours particuliers (offrir des sessions de tutorat personnalisées) ;
b. Demander aux parents de participer aux cours (collaboration n'est pas une participation) ;
c. Réduire le rythme de la classe.

4. L'enseignement inadapté est :
B. Habituel (courant) ;

5. L'enseignement inadapté peut aussi être :

A. Un enseignement trop facile pour l'élève (même les élèves les plus performants) ;
b. Un enseignement standard ;
c. Un enseignement trop compliqué.

6. Quelle phrase résume la conséquence de l'enseignement inadapté ?
B. « J'arrête l'école » (décrochage scolaire) ;

7. La clé de la réussite pour un élève, c'est :
a. Le soutien (pas compris ou soutenus) ;

EXERCICE 2 :

1. Les enfants venant de familles pauvres :
B. Peuvent rencontrer des difficultés à l'école (confrontés à des défis supplémentaires dans leur parcours scolaire) ;
c. Concerne presque la majorité des enfants français (10 %).

2. L'argent garantit :
a. Les notes correctes et un bon accompagnement ;
b. Les cours de musique après l'école (à l'école) ;
C. Le matériel pour étudier (un accès limité à l'équipement scolaire).

3. L'OCDE affirme que les élèves pauvres :
a. Sont moins bons que les riches (que les autres) ;
b. Ne savent pas lire (ont des difficultés mais savent lire) ;
C. Éprouvent des difficultés à lire et à calculer (mathématiques).

4. La solution face à ce problème serait :
A. De donner de l'argent aux familles (bourses) ;
b. D'acheter du matériel pour les élèves (pas directement, la bourse sert à ça) ;
c. D'offrir des vacances aux élèves (vacances scolaires pour offrir une assistance aux devoirs).

5. Pour lutter contre la pauvreté des élèves, il faut :
a. Fournir des aides financières (ils en donnent déjà, il faut les augmenter) ;
B. Aider les parents à travailler (l'amélioration de l'accès à l'emploi, la création de programmes de formation pour les adultes) ;
c. Mieux former les professeurs.

6. La pauvreté peut aussi créer des problèmes :
B. Psychologiques (anxiété et dépression) ;
c. De sécurité à l'école (chez les élèves).

7. Faciliter l'accès à l'éducation pour tous permettra aux élèves :
a. De réussir dans la vie (à l'école) ;
B. De n'avoir aucun frein dans leur réussite scolaire (développer son plein potentiel) ;
c. De créer une société positive (les élèves y contribueront).

EXERCICE 3 :

1. L'école enseigne le respect des règles de vie en communauté :
A. Alexandra (apprennent à vivre ensemble et à respecter les règles)

2. Il faudrait enseigner d'une manière moins rigide :
A. Alexandra (pédagogie plus flexible et plus adaptative)

3. Les enfants sont désintéressés par les cours :
B. Benjamin (elle leur impose des règles et des programmes qui ne correspondent pas forcément à leurs centres d'intérêt et à leurs besoins)

4. Il y a trop de règles à l'école :
B. Benjamin (trop formatée et trop normée)

5. Il faut que l'école se développe et évolue :
C. Charlotte (je pense qu'elle doit évoluer et s'adapter aux enjeux de notre société)

6. Il faudrait que l'école laisse aux jeunes la possibilité de découvrir leurs talents :
C. Charlotte (explorer leurs passions et leurs talents)

BRAVO !

**BONNE CHANCE POUR
L'EXAMEN !**

FRENCHPILL.COM

www.ingramcontent.com/pod-product-compliance
Ingram Content Group UK Ltd.
Pitfield, Milton Keynes, MK11 3LW, UK
UKHW051431090225
4512UKWH00030B/703

9 798376 667866